AF783533

Oberstufengrammatik

Französisch

Übungen

von
Dieter Kunert
Wolfgang Spengler

unter Mitarbeit von
Marlène Cloßen

Ernst Klett Verlag
Stuttgart • Leipzig

Vorwort

Sie wollen Ihre grammatischen Kenntnisse mit Hilfe der Oberstufengrammatik wiederholen, vertiefen und diese auch praktisch anwenden?
Dann wird Ihnen das vorliegende Übungsheft eine gute Hilfe sein.

Struktur des Übungshefts

Zu jedem der 19 **Kapitel** der Oberstufengrammatik finden Sie ein **Angebot** maßgeschneiderter Übungen. Nicht jeder Paragraf der Grammatik und auch nicht jedes Teilkapitel finden Niederschlag im Übungsheft: Das Schwergewicht liegt auf den grammatischen Strukturen, die den Lerner erfahrungsgemäß am meisten herausfordern.

Hilfen

Um Ihnen eine zielgerichtete Arbeit zu ermöglichen, sind die **Oberstufengrammatik** und das **Übungsheft** eng miteinander verzahnt: Die in der Randspalte des Übungshefts angegebenen **Paragrafen (§§)** mit entsprechender Seitenangabe verweisen auf die Fundstelle in der Oberstufengrammatik. So können Sie bei Unsicherheiten schnell noch einmal nachschlagen. **Tipps** in der Randspalte helfen Ihnen beim Lösen der Aufgaben.

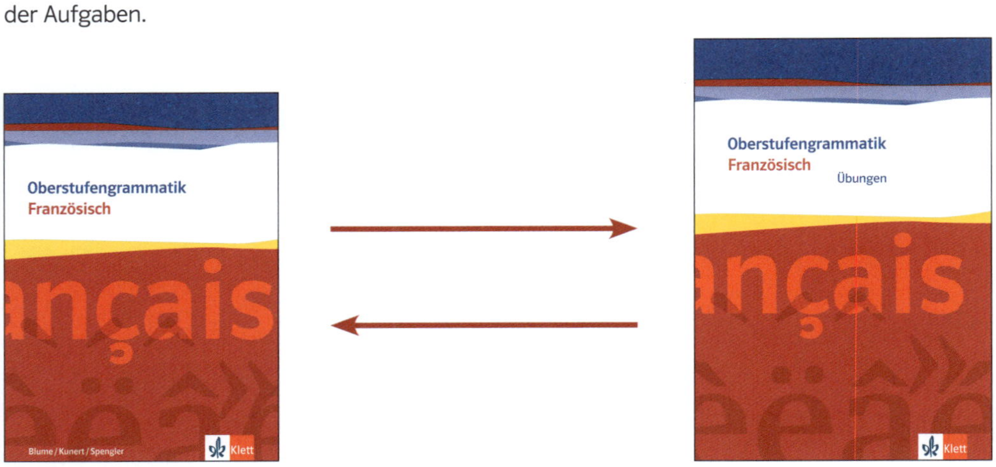

Testmöglichkeit

Jedes Kapitel beginnt mit einer **Que sais-je ?**-Seite, mit der Sie zunächst Ihre Vorkenntnisse zu dem jeweiligen grammatischen Schwerpunkt noch einmal testen können. Die Lösungen dazu finden Sie auf den Seiten 91 - 113.

Exercices

Den Kern jedes Kapitels stellen die **Exercices** dar. Mit ihrer Hilfe und den Lösungen dazu (Seiten 91 - 113) können Sie Ihre grammatischen Kenntnisse üben und kontrollieren. Sie finden unterschiedlichste Übungstypen: Einsetzübungen, Multiple-Choice-Aufgaben, Transformationsaufgaben, Übungen zur Formenbildung, Übersetzungen (wenn es um die kontrastive Gegenüberstellung von Deutsch und Französisch geht), Korrektur von Fehlertexten und vieles mehr.
Die meisten Übungen stehen in einem inhaltlich zusammenhängenden Rahmen, es gibt aber auch Einzelsätze, wenn der Fokus auf einem besonderen grammatischen Phänomen liegt.

Tandembögen

Um auch ein kommunikatives Üben zu ermöglichen, finden sie ab Seite 75 zu den meisten Kapiteln Tandembögen für die Arbeit zu zweit im Unterricht oder zu Hause. Sie können diese Bögen aber auch durch Abdecken einer Spalte in Einzelarbeit durchführen.

Wir wünschen Ihnen Freude bei der Arbeit mit dem Heft und hoffen, dass Sie damit Ihre französischen Sprachkenntnisse verbessern werden.

Inhaltsverzeichnis

Kapitel 1 Die Nomen

Kapitel 2 Die Begleiter

Kapitel 3 Die Zahlen

Kapitel 4 Das Adjektiv

Kapitel 5 Verben: Bildung der Zeiten und Modi

Kapitel 6 Der Gebrauch der Zeiten und Modi

Kapitel 7 Die Verneinung

* Bei der Angabe handelt es sich um einen Verweis auf die Paragrafen der Oberstufengrammatik

Kapitel 8 Das Adverb

Kapitel 9 Die Präpositionen

Kapitel 10 Die Pronomen

Kapitel 11 Das Verb und seine Ergänzungen

Kapitel 12 Der Fragesatz

Kapitel 13 Indirekte Rede/Indirekte Frage

Kapitel 14 Konjunktionen

Kapitel 15 Infinitivsätze

Kapitel 16 Der Bedingungssatz

Kapitel 17 Das *Gérondif*

Kapitel 18 *Participe présent* und *Adjectif verbal*

Kapitel 19 Das Passiv

KAPITEL 1

Die Nomen

Que sais-je ?

§ 2
S. 11–12

Quiz orthographe

Bilden Sie den Plural.

Tipp!

Wenn Sie in Zweifelsfällen die Grammatik nicht bei der Hand haben, dann schlagen Sie im Wörterbuch nach!

un porte-bonheur		un bijou	
un CD		un chasse-neige	
un monsieur		un cadeau	
un feu		un euro	
un ours		un mouchoir de poche	
un verre à eau		un prix	
un détail		un journal	

Exercice

§ 2
S. 11–12

Le lac du Salagou[1] (Plural der Nomen)

1 **le lac du Salagou** *Stausee im Süden Frankreichs im Département Hérault*

Setzen Sie die richtigen Pluralformen ein.

Il est cinq heures de l'après-midi.	
Des ____________ aux ____________ gris sortent de	grand-père / cheveu
leurs ____________ garés au bord du lac du Salagou et se	camping-car
promènent avec leurs ____________ sur les berges[1].	petit-enfant
Ils y passent tous les ____________ en observant en détail	après-midi
les ____________ qui vivent dans cet écosystème artificiel	animal
dans le sud de la France.	
Après les ____________ dans les ____________ 60,	travail / année
le barrage[2] du Salagou a noyé[3] plus de 750 hectares de terre et les a	
transformés en site exceptionnel pour la faune et la flore. Bref, le lac du	
Salagou est devenu un paradis pour les ____________ de	amoureux
la nature.	
Ici, on est loin par exemple des ____________ bruyants des villes.	festival
Le citadin oublie vite les unes[4] des ____________ ou les	quotidien
____________ en observant les ____________	jeu vidéo / oiseau
qui y ont trouvé un milieu favorable comme le grand cormoran issu[5] des	
____________ nordiques. Pour mieux les étudier en pleine activité de	pays
pêche, les ____________ peuvent louer toutes sortes de	touriste
____________ comme des kayaks, des canoës ou d'autres	bateau
embarcations à des ____________ raisonnables. Ceux qui aiment les	prix
____________ font des ____________ à cheval	cheval / randonnée
dans la vallée du lac.	
Les ____________ de canyons de ____________ rouges et	paysage / roche[6]
volcaniques qui se fondent dans les ____________ du lac n'ont rien à	eau
envier[7] aux ____________ mythiques des Indiens de l'Arizona.	lieu
Les adeptes[8] du tout terrain laissent leurs traces de ____________	pneu
VTT[9] dans le sable des ____________ bordant l'eau. Mais attention,	piste
ouvrez vos ____________ : il y a aussi des passages difficiles ! Roulez	œil
avec modération pour éviter des blessures aux ____________	genou
ou des ____________ dans les pantalons.	trou

1 la berge Ufer – **2 un barrage** *hier:* Stausee – **3 noyer qc** etw. überschwemmen – **4 la une** *Titelseite der Tageszeitung* – **5 issu,e de** stammend aus – **6 une roche** Felsen – **7 n'avoir rien à envier à qn / qc** jdm. / etw. in nichts nachstehen – **8 un adepte** Anhänger, Fan – **9 un VTT** (vélo tout terrain) Mountainbike

KAPITEL 2

Die Begleiter

Que sais-je ?

§§ 3–7
S. 15–21

Qu'est-ce qu'on va manger ce soir ?

*Vervollständigen Sie den Dialog mit dem passenden Artikel oder mit **de**.*

Tipp!

„Wir brauchen Brot und 500 g Butter."
« Il nous faut **du** pain et 500 g **de** beurre. »
Im Deutschen ohne Artikel, im Französischen mit Artikel oder *de*. Wiederholen Sie die §§ 6 und 7 in der OG.

Bruno : Qu'est-ce qu'on va manger ce soir ? Qu'est-ce qu'on a dans le frigo ?

Zoé : Alors,on a un litre ______ lait, 250 g ______ beurre, beaucoup ______ pâtes et un pot ______ crème fraîche. On pourrait faire ______ spaghettis…

Bruno : D'accord pour ______ spaghettis à la bolognaise. Alors, il faut aussi ______ fromage, ______ viande hachée et ______ tomates. Et on n'a pas ______ oignons.

Zoé : Si, on en a encore sur l'étagère. Et si on faisait ______ poisson avec ______ riz ? J'aime bien ______ poisson.

Bruno : Ah non, je ne veux pas ______ riz. En plus, je n'aime pas ______ poisson. Je préfère ______ viande. Si tu veux, je ferai les courses.

Zoé : Alors, achète un kilo ______ viande hachée, ______ salade et aussi ______ carottes. Comme dessert, on pourrait manger ______ mousse au chocolat ? Qu'est-ce que tu en penses ?

Bruno : D'accord. On a encore ______ eau ?

Zoé : Non. Alors, prends deux bouteilles ______ eau.

§ 8
S. 22–23

Rachida et sa famille

*Vervollständigen Sie den Text mit **son, sa, ses, leur, leurs**.*

Rachida, ______________ frère Farid et ______________ sœur Naïma habitent avec ______________ parents à Lyon. ______________ appartement est dans le Vieux-Lyon. Rachida a un chien. ______________ chien s'appelle Max et il aime bien courir après d'autres animaux. Rachida, Naïma et Farid apprécient beaucoup les repas de ______________ grand-mère. Rachida travaille à l'hôtel *la Cour des Loges*. Elle aime bien ______________ travail à la réception de l'hôtel. Farid va au lycée. ______________ lycée est le lycée *Victor Hugo*. Naïma va au collège *Mermoz*. Elle adore ______________ école et ______________ profs. Dans ______________ classe, il y a ______________ copine Anne, ______________ copains David et Assane et ______________ ami Franck.

Exercices

1 Trouver des amis (Teilungsartikel)

§§ 6–7
S. 19–21

*Setzen Sie den richtigen Artikel oder **de / d'** ein.*

Vous avez _______ travail, _______ énergie, _______ courage et _______ temps libre ?
Vous aimez faire _______ sport, _______ musique et _______ voyages ? Mais vous n'avez pas _______ famille et pas _______ amis ? Pour rencontrer _______ gens qui sont dans la même situation que vous, contactez *Amiship*.

2 Avant la fête
(bestimmter / unbestimmter Artikel, Teilungsartikel, Mengenangaben)

§§ 3–7
S. 15–21

Übersetzen Sie.

1. Nicolas bereitet eine Fete vor.
2. Seine Freunde mögen Pommes frites; er bevorzugt Gemüse.
3. Gemüse ist gut für die Gesundheit (la santé).
4. Erst kauft er Pommes frites, Mayonnaise, Ketchup, Salat, Karotten und Auberginen.
5. Dann kauft er Getränke: sechs Flaschen Cola, drei Liter Orangensaft, zwei Liter Apfelsaft und Wasser.
6. Schließlich hat er kein Geld mehr.

1. ____
2. ____
3. ____
4. ____
5. ____
____
6. ____

3 Faisons des crêpes.
(bestimmter / unbestimmter Artikel, Teilungsartikel, Mengenangaben)

§§ 3–7
S. 15–21

*Vervollständigen Sie den Text, falls nötig, mit dem passenden Artikel oder mit **de**.*

Sabrina aime _______ crêpes. Elle a _______ chance : sa corres Marie lui montre comment on fait _______ crêpes. La plupart _______ recettes sont simples à réaliser.

Marie : D'abord, je prends 200 g _______ farine, ½ litre _______ lait et un verre _______ eau. Après, je verse _______ eau dans _______ lait. Puis, j'ajoute les 200 g _______ farine et je fais bouillir[1]. Il faut ensuite attendre une heure. Après, je mets cinq _______ œufs et 100 g _______ sucre dans la pâte. Et un peu _______ sel.

Sabrina : _______ sel ?

Marie : Oui, le sel donne _______ goût à la pâte. Mais il ne faut pas en mettre trop.

---

1 **faire bouillir** (auf)kochen lassen

Sabrina : Regarde ________ pâte, j'ajouterais ________ farine.

Marie : Non, non, il y a assez ________ farine. Bon. Mélangeons bien. Voilà.

Sabrina : Il ne faut pas rajouter ________ beurre ?

Marie : Si, mais pas tout de suite. On chauffe d'abord ________ beurre dans une poêle. Ensuite, on l'ajoute à ________ pâte. Dans une ou deux minutes, on va retourner ________ crêpe. Puis on attendra encore une minute. Voilà. Maintenant, on saupoudre[1] ________ crêpe de sucre.

§§ 3–7 S. 15–21

4 Un bon repas (bestimmter / unbestimmter Artikel, Teilungsartikel, Mengenangaben)

*Setzen Sie **un, une, le, la, des, du, de l', de la, de** ein. Achtung: Manchmal bleibt die Lücke frei!*

Paris – Toulouse, ça fait 5 heures de train. Quand Julien arrive enfin à Toulouse, il a ________ faim. Il a ________ chance : sa grand-mère a préparé ________ bon repas. A table, elle lui propose beaucoup ________ choses.

(30 minutes plus tard.)

Mme Dupuy : Tu prends encore ________ cassoulet[2] ? ________ pommes de terre ? Tu veux encore ________ salade ? ________ eau ? ________ pain ?

________ cassoulet et ________ salade sont très bons. Mais Julien n'a plus ________ faim.

Mme Dupuy : Comment ? Tu ne prends pas ________ dessert ? J'ai préparé ________ gâteau au citron avec ________ crème.

Nicolas regarde ________ gâteau. Quel super dessert ! Finalement, il en mange, mais il a peur d'avoir mal au ventre. Après ________ dessert, ________ grand-père prépare ________ café.

M. Dupuy : Qui veut ________ café ?

Mme Dupuy : Moi, j'en veux bien.

M. Dupuy : Et toi, Julien ?

Julien : Moi, je n'aime pas ________ café. Je préfère prendre ________ eau.

Die Possessivbegleiter

§ 8 S. 22–24

5 Une interview (Possessivbegleiter)

Anne ist Chefredakteurin der Schülerzeitung „Vibraphone". Sie macht ein Interview mit Cathy von der Musikgruppe Toolhouse. Kreuzen Sie die richtige Form des Possessivbegleiters an.

Anne : Salut. Ton ☐ ta ☐ groupe, c'est Toolhouse. Pourquoi Toolhouse ?

Cathy : Parce que mon ☐ mes ☐ copains et moi, on est de Toulouse.

Anne : Qu'est-ce que vous faites dans votre ☐ vos ☐ groupe, tes ☐ ton ☐ copains et toi ?

Cathy : Moi, je fais de la guitare. Voilà ma ☐ mon ☐ instrument.

Anne : Elle est super, ta ☐ ton ☐ guitare.

---

1 saupoudrer qc de qc etw. mit etw. bestreuen – **2 un cassoulet** (deftiger) Eintopf aus dem Südwesten Frankreichs mit weißen Bohnen und Fleisch

Cathy : Oui, elle est belle. C'est ☐ mon ☐ ma cadeau d'anniversaire.

Anne : ☐ Votre ☐ vos musique intéresse aussi ☐ votre ☐ vos parents ?

Cathy : Non, pas du tout. Mais nous, nous aimons bien la musique de ☐ notre ☐ nos parents, alors nous jouons aussi les succès de ☐ leurs ☐ leur époque.

Anne : Qui est Franck ?

Cathy : C'est ☐ ma ☐ mon frère. Il est ☐ mon ☐ notre chanteur. Sa ☐ Son ☐ façon d'interpréter les chansons des années 80 plaît énormément au public.

Anne : Et les autres membres du groupe, ils s'appellent comment ?

Cathy : ☐ Notre ☐ Nos batteur, c'est Fréderic ; le joueur d'orgue électronique, c'est Christian, un de ☐ mon ☐ mes meilleurs copains, et finalement Nathalie, qui joue de la basse.

Anne : Je vous souhaite beaucoup de succès pour l'avenir. Merci pour l'interview.

6 La vie dans une colocation[1] (Possessivbegleiter)

§ 8
S. 22 – 24

Übersetzen Sie. Schreiben Sie die Sätze auf.

1. Laure macht ihr Praktikum in Paris.
2. Sie mag ihr Zimmer und ihre drei Mitbewohner (un, une colocataire) Alex, Rose und Christophe.
3. Sie laden ihre Freunde ein und zeigen ihnen ihre Wohnung.
4. Alex sucht immer sein Handy und seine Schlüssel.
5. Rose ruft ständig ihren Freund in Marseille an.
6. Christophe mag es nicht, seine Sachen aufzuräumen.
7. Gestern hat ihr Vermieter angerufen: „Ich bitte Sie, Ihre Miete (le loyer) zu bezahlen!“

1. ______________________________
2. ______________________________
____
3. ______________________________
4. ______________________________
5. ______________________________
6. ______________________________
7. ______________________________
____

Tipp!

„sein(e)“ und **„ihr(e)“**

Achten Sie darauf, dass der Unterschied im Deutschen von „sein“ und „ihr“ im Französischen nicht existiert.

Beispiel:
son copain (= sein Freund / ihr Freund) ;
ses copains (= seine / ihre Freunde)

1 **une colocation** Wohngemeinschaft

KAPITEL 3

Die Zahlen

Que sais-je ?

§§ 13–16
S. 35–38

Tipp!

Keine Ordnungszahl bei Datumsangaben und Herrschernamen, außer bei der Zahl 1: *le premier décembre.*

Les nombres qui fâchent.

Übersetzen Sie.

der dritte Oktober		ein Dutzend Eier	
der vierzehnte Juli		etwa 20 Postkarten	
Ludwig, der Vierzehnte		zweieinhalb Stunden	
Heinrich, der Vierte		ungefähr 45 Tage	
ein halber Liter		Millionen von Zuschauern	
22 Prozent		der erste Mai	

Exercices

§ 13
S. 35

1 Europe – quelques dates importantes (Ordnungszahlen)

Ersetzen Sie das deutsche Datum jeweils durch das französische.

1. (am 09.05.1950) ______________________, Robert Schuman, ministre des Affaires étrangères, présente une déclaration considérée comme l'acte de naissance de l'Union européenne.
2. (am 25.03.1957) ______________________, l'Allemagne, la Belgique, la France, l'Italie, le Luxembourg et les Pays-Bas signent les traités de Rome donnant naissance à la Communauté économique européenne (CEE).
3. Les accords de Schengen (Luxembourg) (vom 14.06.1985) ______________________ permettent l'ouverture des frontières entre les Etats signataires.
4. (am 1.11.1993) ______________________ (traité de Maastricht) : La CEE devient officiellement l'Union européenne (UE).
5. (am 01.01.2002) ______________________ : introduction des pièces et billets en euros.

einer der letzten 50-Francs-Scheine vor der Einführung des Euro

2 Deux sœurs dans la misère (Bruchzahlen)

§ 14
S. 36, S. 38

Übersetzen Sie. Schreiben Sie die Sätze auf ein Blatt oder in Ihr Heft.

1. Vor anderthalb Jahren haben Séraphine (17) und ihre zwei Jahre jüngere Schwester Kaneza (= ihre Schwester Kaneza, die zwei Jahre jünger ist) ihre Eltern im Bürgerkrieg (la guerre civile) in Burundi (le Burundi) verloren.
2. Seit einem halben Jahr leben sie in einem Flüchtlingslager (un camp de réfugiés).
3. Sie warten seit zweieinhalb Tagen auf die Lebensmittelhilfe (l'aide alimentaire).
4. Heute haben sie ein halbes Pfund Reis und anderthalb Liter Wasser bekommen.

3 Les jeunes internautes (Bruchzahlen, Prozentzahlen …)

§§ 14–15
S. 36–37, S. 39

Übersetzen Sie die in Klammern stehenden Zahlenangaben und schreiben Sie die Sätze auf ein Blatt oder in Ihr Heft.

1. (99 % der Jugendlichen von 8 bis 18 (Jahren)) … surfent sur Internet.
2. (Fast die Hälfte dieser Jugendlichen) … le font tous les jours.
3. (8 von 10 jungen Internetsurfern) … considèrent qu'Internet sert avant tout à s'amuser.
4. (Die meisten Schüler) … sont sur facebook, mais il y en a d'autres qui préfèrent MSN.

4 Le bureau des objets trouvés à Paris (Sammelzahlen)

§ 16
S. 37–38

Übersetzen Sie die Sammelzahlen und fügen Sie sie in den Text ein.

L'an dernier, le service du bureau des objets trouvés a reçu ________ ________ 80 000 objets. Il s'agit ________________ lunettes de soleil, ________________ téléphones portables, portefeuilles, parapluies et ________________ dentiers[1]. Mais il y a aussi ________________ chaussures et ________________ fauteuils roulants[2] abandonnés par des faux handicapés pour fuir la police.

ungefähr
Tausende von
Hunderte von
Dutzende von
etwa 30 Paar
etwa 20

Tipp!
Nach Sammelzahlen (z. B. ungefähr / etwa … Tage) wird (wie bei Mengenangaben) das nachfolgende Nomen mit *de*/*d'* angeschlossen.

5 Faits divers (Zeitangaben)

S. 38

Vervollständigen Sie die Sätze, indem Sie die deutschen Ausdrücke übersetzen. Schreiben Sie die Sätze auf ein Blatt oder in Ihr Heft.

1. *Olympique Lyonnais* : son meilleur attaquant ne sera pas disponible… (die nächsten zwei Monate).
2. (Um 10 Uhr morgens) …, la terre a tremblé pour la première fois.
3. Perdre 5 kilos en… (zwei Wochen) ! C'est possible !
4. Le prix du pétrole est resté stable… (während der letzten vier Wochen).
5. Disparu… (vor einer Woche), l'alpiniste a été retrouvé mort hier soir.

---

1 **un dentier** Zahnprothese – 2 **un fauteuil roulant** Rollstuhl

KAPITEL 4

Das Adjektiv

Que sais-je ?

§§ 17–19
S. 40–47

La place et l'accord de l'adjectif

1. *Kreuzen Sie an, ob die Ajektive vor oder nach dem Nomen stehen.*

Vorangestellt	Adjektiv	Nachgestellt	Vorangestellt	Adjektiv	Nachgestellt
	jeune			allemand	
	étranger			mauvais	
	gros			noir	
	vieux			régional	

2. *Gleichen Sie, falls nötig, das Adjektiv an und ergänzen Sie den unbestimmten Artikel.*

1.		grand	ville	5.		produits	bizarre
2.		petit	café	6.		robe	blanc
3.		bon	histoires	7.		filles	sympa
4.		joli	fille	8.		chef	content

§§ 17–19
S. 40–47

Tipp!

Anders als im Deutschen müssen Adjektive auch in prädikativer Stellung (nach dem Verb), angeglichen werden: *La voiture est chère.*

Des restaurants à Paris

1. *Bilden Sie Sätze. Achten Sie auf die Angleichung und die Stellung der Adjektive. Schreiben Sie die Sätze auf ein Blatt oder in Ihr Heft.*

Restaurant Balzac	Chez Christophe	Cuisine libanaise
branché / un restaurant / être / C'	La terrasse / petit et jolie	être / nouveau / Ce restaurant
être / Les pizzas / bon / y	les crêpes / mauvais / y / être / Mais	Le chef / sympa / femme / et/être/sa
la terrasse / grand / aimer / Les gens	ne… pas / être / Les clients / content	adorer / Les hôtes (Gäste) / les falafels / bon / du restaurant

§ 20
S. 47–49

2. *Vergleichen Sie.*

1. Cette pizzeria est *(besser als)* ______________ les autres restaurants.
2. Elle est aussi *(preisgünstiger (= weniger teuer))* ______________.
3. Ici, on sert *(die größten)* ______________ pizzas de la ville.

Exercices

1 **E-mail de Manon** (Form, Stellung und Angleichung des Adjektivs)

§ 17–19
S. 40–47

Le cours Mirabeau (Aix-en-Provence)

Vervollständigen Sie den Text. Achten Sie auf die Form, Stellung und die Angleichung der Adjektive.

________ Nathalie ________ ,	cher
Voici un ________ courriel ________ d'Aix en Provence.	premier
Je suis dans un des ________ bistrots ________ du cours	vieux
Mirabeau. A la ________ table ________, il y a un ________ garçon	voisin / très cool
________. Je lui parle ou pas ? Il me manque le courage. Derrière	
moi, il y a deux ________ filles ________ qui parlent tout	italien
le temps. Elles sont de ________ humeur ________. A Aix, il y a	bon
beaucoup d'________ étudiants ________ qui viennent	étranger
du ________ monde ________. J'ai aussi des/d'________	entier / excellent
professeurs ________. C'est vrai que ce n'est pas une	
________ idée ________ de faire ses études ici. La ville est	mauvais
________ et le climat est ________. J'ai aussi deux copines.	joli / doux
Murielle et Magali sont ________ et des ________ amies ________.	gentil / vrai
Et j'ai aussi un ________ copain ________ :	beau et génial
Yanis. Yanis et moi, nous faisons les ________ études	même
________. J'aime travailler avec lui parce qu'il sait tout expliquer.	
Depuis deux mois, j'habite dans un ________ appartement	nouveau
________. Je suis très ________ d'habiter maintenant	heureux
dans un ________ quartier ________.	calme et vert
A bientôt !	
Manon	

§ 17 – 19
S. 40 – 47

2 Architecture moderne (Form, Stellung und Angleichung des Adjektivs)

Vervollständigen Sie den Dialog. Achten Sie auf die richtige Stellung und Form der Adjektive.

Tipp!
Bei einigen Adjektiven, muss man aufpassen: Sie wechseln ihre Bedeutung, je nachdem, ob sie vor oder hinter dem Nomen stehen.

Félix : Comment est-ce que tu trouves les ______________	neu
immeubles et les ______________ tours dans notre ______________	neu / alt
quartier ______________ ?	
Céline : Franchement, je ne les trouve pas ______________ . Je regrette	schön
que la municipalité ait fait démolir l'______________ gare	ehemalig
______________ et toutes ces ______________ maisons.	alt
Félix : Ma sœur Delphine habite dans un ______________ appartement,	schön
au 16e étage. Elle a une très ______________ vue sur la ville.	schön
Céline : Ah, ta ______________ sœur ______________ . Elle gagne largement	lieb
sa vie. Elle a les moyens de s'offrir un ______________ appartement	so teuer
______________ .	
Félix : Oui, elle a de la chance. Mais il ne faut pas oublier les	
______________ gens ______________ qui habitent dans des	arm
logements vétustes[1].	
Céline : Tu as raison, c'est un ______________ problème ______________ .	echt

§ 20
S. 47 – 49

3 Un chocolatier raconte (Steigerung des Adjektivs und Vergleich)

Vervollständigen Sie die Sätze mit **plus** *(+) /* **moins** *(–) /* **aussi… que** *(=) oder* **le plus** *(++) /* **le moins** *(– –). Achten Sie auf die Sonderformen.*

1. Je trouve que le chocolat noir est ______________ le chocolat blanc.	bon (+)
2. Le chocolat noir est ______________ des deux.	sucré (– –)
3. Un gâteau au fromage est ______________ un gâteau au chocolat.	riche en calories (=)
4. Le cadeau ______________ pour la Saint Valentin, ce sont des cœurs en chocolat.	cool (++)
5. Ils sont vraiment ______________ du monde.	bon (++)
6. Une barre chocolatée[2] est ______________ une tablette de chocolat[3].	cher (–)

1 vétuste baufällig – **2 une barre chocolatée** Schokoriegel – **3 une tablette de chocolat** Tafel Schokolade

7. Mais une barre est ____________________ et n'est pas ____________________ pour la santé.		petit (+) / bon (=)
8. Je vous propose de goûter une des truffes au chocolat __________ __________ de Paris.		délicieux (++)

4 **Le saviez-vous ?** (Steigerung des Adjektivs und Vergleich)

§ 20
S. 47–49

Übersetzen Sie. Schreiben Sie die Sätze auf ein Blatt oder in Ihr Heft.

1. Frankreich ist eines der größten Länder Europas. Seine bekanntesten Bauwerke (le monument) sind der Eiffelturm und der Louvre.
2. Mit mehr als 80 bis 82 Millionen Besucher im Jahr ist es das meistbesuchte Land der Welt.
3. Das Mont-Blanc-Massiv (le massif du Mont Blanc) ist das höchste Massiv Frankreichs.
4. Sein höchster Gipfel (le sommet) ist der Mont Blanc mit 4810 m Höhe (l'altitude *f.*).
5. Der größte Wald Frankreichs ist der Forêt d'Orléans.
6. Die Loire ist der längste Fluss des Landes.
7. Die älteste Stadt Frankreichs ist Marseille.

5 **Quiz** (Steigerung des Adjektivs, Vergleich)

§§ 19–20
S. 42–49

Kreuzen Sie die richtige Aussage an.

1. ☐ La tour Maine-Montparnasse est plus haute que la tour Eiffel.
   ☐ La Grande Arche est aussi haute que la tour Eiffel.
   ☐ La tour Eiffel est la plus haute des trois tours.

2. ☐ Il y a plus d'habitants à Lille qu'à Lyon.
   ☐ Il y a moins d'habitants à Marseille qu'à Toulouse.
   ☐ C'est à Paris qu'il y a le plus grand nombre d'habitants.

3. ☐ Le premier Président de la Ve République est François Mitterrand.
   ☐ Le premier Président de la Ve République est Charles de Gaulle.
   ☐ Le premier Président de la Ve République est Jacques Chirac.

4. ☐ Dans la montagne, les hivers sont doux et les étés sont chauds et secs.
   ☐ En Bretagne, l'été est frais, l'hiver est doux.
   ☐ Sur la côte méditerranéenne, l'hiver est long et dur, l'été court, frais et humide.

5. ☐ L'actuel projet d'Airbus est le gros porteur A 360.
   ☐ L'actuel projet d'Airbus est le gros porteur A 380.
   ☐ L'actuel projet d'Airbus est le gros porteur A 340.

KAPITEL 5

Verben: Bildung der Zeiten und Modi

Que sais-je ?

§§ 21 – 24
S. 53 – 64

Testen Sie Ihre Verbkenntnisse. Schreiben Sie die fehlenden Verbformen in Ihr Heft.

Infinitif / **Présent**	**Imparfait**	**Futur simple**	**Condition-nel présent**	**Subjonctif présent**	**Passé composé**
/ **nous avons**	tu	j'	vous	que nous	il
/ On	elle	**vous jetterez**	tu	que vous	j'
/ vous	**vous étiez**	ils	je	qu'il	tu
/ j'	nous	tu	ils	que tu	**vous avez attendu**
/ je	vous	on	**on s'ennuierait**	que tu	elle
/ ils	je	nous	nous	**qu'elle sorte**	nous
choisir / tu	tu	elle	vous	qu'on	ils
/ nous	nous	tu	ils	que vous	**elles ont bougé**

Tipp!

Beim *Cond. Présent* unterscheiden sich nur die Endungen vom *Futur simple.*
Futur simple **→** -ai, -as, -a, -ons, -ez, -ont.
Cond. présent **→** Endungen sind dieselben wie beim *imparfait*: -ais, -ais, -ait, -ions, -iez, -aient.

Exercices

1 A travers les temps (Verben auf *-er*, *-dre* und *-ir*)

§ 22–24
S. 54–64

Kreuzen Sie die richtige Form an. Orientieren Sie sich an der Zeit in der linken Spalte.

Présent

1. Tu nettoies ☐ nettoyes ☐ nettois ☐ le vélo ?
2. Nous l'appellons ☐ l'appellions ☐ l'appelons ☐ Jojo.
3. Votre appareil ne serve ☐ servit ☐ sert ☐ à rien.
4. Ils ne nous attendent ☐ attend ☐ attendont ☐ jamais.
5. Elle réfléchit ☐ réfléchi ☐ réfléchis ☐ avant de parler.
6. Ils grandirent ☐ grandissent ☐ grandisent ☐ dans des conditions insupportables.

Imparfait

1. Avant, il achtait ☐ achètait ☐ achetait ☐ toujours le même journal.
2. Pendant les vacances, on mangait ☐ mangeait ☐ mangeais ☐ souvent trop.
3. Je dormait ☐ dormais ☐ dormis ☐ toujours sur place.
4. A chaque critique, vous réagiez ☐ réagiiez ☐ réagissiez ☐ mal.
5. Chaque matin, nous réfléchissons ☐ réfléchions ☐ réfléchissions ☐ où aller.
6. De loin, ils entendait ☐ entendaient ☐ entendraient ☐ des cris d'alarme.

Futur simple

1. Elle payerait ☐ paiera ☐ payra ☐ la somme demandée.
2. Demain, je me lèverai ☐ je me léverai ☐ je me leverai ☐ à 6 heures.
3. Ils essayerons ☐ essairont ☐ essayeront ☐ de le joindre.
4. Où est-ce que vous l'attendriez ☐ attendreez ☐ attendrez ☐ ?
5. Tu sortais ☐ sortira ☐ sortiras ☐ aujourd'hui ?
6. On y réfléchira ☐ réfléchissira ☐ réfléchirait ☐.

Conditionnel présent

1. J'emploierais ☐ employerais ☐ emploirais ☐ une autre expression.
2. Ils ne partageaient ☐ partageraient ☐ partageront ☐ jamais les idées du président.
3. En cas de grève, nous descendrions ☐ descendrons ☐ descendions ☐ dans la rue.
4. A ta place, je ne répondrais ☐ répondrai ☐ répondais ☐ pas à sa lettre.
5. Si elle était honnête, elle ne mentait ☐ mentirait ☐ mentit ☐ à personne.
6. Pourquoi est-ce que tu ne réussissai ☐ réussirrais ☐ réussirais ☐ pas ?

Subjonctif présent

1. Je suis content que vous achètiez ☐ achetiez ☐ achètez ☐ des produits bio.
2. Avant que tu réponds ☐ répondres ☐ répondes ☐ à ces questions, réfléchis bien.

3. Marc n'aime pas que sa copine sorte ☐ sort ☐ sortes ☐ en boîte.
4. Il veut que nous commençions ☐ commençons ☐ commencions ☐ plus tôt.
5. Il faut qu'elle finisse ☐ finit ☐ finira ☐ première au classement.
6. Elle souhaite que nous distingueions ☐ distinguions ☐ distinguons ☐ le bien du mal.

Passé composé

1. Tu as déjà remplaçé ☐ remplacé ☐ remplassé ☐ ton ordi ?
2. Elle n'a pas rangé ☐ rangée ☐ ragé ☐ sa chambre.
3. J'ai essaié ☐ essaiyé ☐ essayé ☐ de te joindre.
4. Ils sont déjà partis ☐ parti ☐ paris ☐ en vacances ?
5. Nous avons entend ☐ entendu ☐ entendus ☐ un bruit.
6. Ils ont bien réussie ☐ réussis ☐ réussi ☐ dans la vie.

§ 26
S. 65 – 66

2 Une visite à Grasse (Passé composé mit *avoir* und *être*)

***Passé composé** mit **avoir** oder **être**? Achten Sie auf die Angleichung.*

Marc et Louise ______________ une semaine à Biot en Provence. Un jour, ils ______________ voir leurs amies Océane et Chloé à Grasse, la capitale mondiale des parfums. Ils y ______________ à dix heures et après un petit café, leurs amies leur ______________ ______________ la ville. Elles ______________ de visiter une parfumerie. Un guide leur ______________ toutes les étapes de la création des parfums. Ils ______________ dans différents laboratoires et ateliers. Tout à coup, le guide ______________ à Marc : « Vous voulez créer votre propre parfum pour hommes ? » Marc ______________ une seule seconde et ______________ le guide dans un petit atelier. Les filles ______________ stupéfaites[1] et ______________ de rire. Quelques minutes plus tard, Marc ______________ avec un petit flacon à la main. Il ______________ : « Voilà. J'______________ à créer mon propre parfum ! » Après la visite, les filles ______________ dans la petite boutique de la parfumerie où elles ______________ plusieurs parfums.

passer
aller
arriver
montrer
proposer
expliquer
entrer
demander
ne pas hésiter
suivre
rester
éclater
revenir / dire
réussir
descendre
essayer

1 **stupéfait, e** verblüfft

3 Habiter au 10e étage (Verben mit intransitivem und transitivem Gebrauch)

§ 27
S. 67

*Setzen Sie den Text ins **Passé composé**. Achten Sie besonders auf die Verben mit intransitivem und transitivem Gebrauch. Schreiben Sie die Sätze auf ein Blatt oder in Ihr Heft.*

Marc et Nina doivent faire les courses. D'abord, ils descendent à la cave où ils sortent leurs vélos. Puis ils descendent la rue d'Austerlitz. Au premier carrefour, ils tournent à gauche, puis à droite. Deux minutes plus tard, ils arrivent au supermarché. Marc va directement au rayon DVD. Nina s'occupe des boissons, de la viande, du fromage et de tout le reste. Les deux jeunes y passent une bonne heure. Après, ils rentrent à la maison. Ils descendent leurs vélos à la cave. Comme Marc est* très sportif, il monte l'escalier. Nina monte tous les sacs en prenant l'ascenseur. Arrivée dans son appartement, elle tombe dans un fauteuil : ces courses la fatiguent* comme toujours. Son copain arrive un peu plus tard au dixième étage, il doit se reposer aussi.

*im Präsens lassen

Tipp!

transitiv = Verb + direktes Objet:
Luc a acheté un DVD.

intransitiv = Verb ohne Objekt.
Hier soir, Martine est sortie.

4 Une randonnée en VTT (Angleichung des Participe passé)

§ 28
S. 68–71

*Setzen Sie die Verben ins **Passé composé**. Achten Sie besonders auf die Angleichung des Participe passé bei den reflexiven Verben. Die Verben in Klammern erfordern den Imperativ bzw. das Plus-que-parfait.*

Tipp!

Alle reflexiven Verben bilden das *Passé composé* mit *être*.

Ce jour-là, M. et Mme Durand ______ très tôt. Comme	se lever
il faisait très beau, ils ______ que c'était le bon moment	se dire
pour faire une randonnée en VTT à travers la forêt de la Grésigne[1].	
Madame Durand ______ dans la chambre des filles pour	entrer
réveiller Marie et Isabelle. M. Durand ______ du	s'occuper
petit déjeuner. Toute la famille ______ bien ______ ;	se préparer
après, les Durand ______ en route. Ils ______ tous	se mettre / aimer
______ monter et descendre les petits sentiers. Tout à coup,	
M. Durand, en pleine forme, ______ à prendre	se décider
un raccourci[2] en traversant un ruisseau[3]. Il ______ vers	se tourner
ses filles : « ______ !	ne pas s'inquiéter (Imperativ)
Je connais la forêt comme ma poche. »	
Et ils ______ leur randonnée.	continuer
Dix minutes plus tard, M. Durand ______	s'arrêter
et il ______ dans tous les sens. Cette fois-ci,	regarder
Mme Durand ______ : « Qu'est-ce qu'il y a ?	s'inquiéter
On ______ ? Regarde donc sur la carte ! ».	se perdre
M. Durand était désolé : il ______ de	se tromper (plus-que-parfait)
chemin. En plus, il ______ sa carte. Mme Durand	oublier (plus-que-parfait)
______ : « Tu la connais bien, ta poche ! Comment	se fâcher
va-t-on sortir de la forêt ? » Après, ils ______	ne plus se parler
______. Marie et Isabelle ______	se moquer
de leurs parents en sortant de leur sac à dos leur petit GPS[4] de randonnée.	
« ______. Suivez-nous, tout simplement ! »	ne pas se disputer (Imperativ)

1 la forêt de Grésigne großer Wald im Nordwesten von Toulouse – **2 un raccourci** Abkürzung – **3 un ruisseau** Bach – **4 un GPS** Navi

§ 28
S. 68–71

Tipp!

Auf S. 70 der OG, R 26 finden Sie Hilfe für die Bearbeitung dieser Aufgabe.

5 Après le braquage[1] (Angleichung des Participe passé)

*Setzen Sie die Verben ins **Passé composé**, achten Sie dabei auf die Angleichung des Participe passé.*

Des malfaiteurs ont braqué une bijouterie[2]. La police est sur place. Les enquêteurs[3] qui viennent d'arriver posent beaucoup de questions…

a) au bijoutier :

– Combien de personnes est-ce que vous ____________________ ?	voir
– J'____________________ trois personnes cagoulées[4].	voir
– Combien de caméras de surveillance est-ce que vous ____________	installer
____________________ ?	
– Euh,… la seule caméra que j'____________________ dans ma	mettre
boutique ____________________ en panne.	tomber
– Et vous ______________________________ réparer ?	ne pas / la / faire
– Non, pas encore.	
– Quels bijoux est-ce qu'on vous ____________________ ?	voler
– Je ne le sais pas encore exactement. Mais il manque un certain nombre	
de bagues et de montres. Je ______________________________	ne pas / encore /
____________________ .	les / compter
– Quelle fenêtre est-ce qu'ils ____________________ ?	casser
– La petite fenêtre sécurisée qu'on ____________________	installer
l'an dernier.	

b) à leurs collègues :

– Combien de photos est-ce que vous ____________________ sur	prendre
le lieu du crime ?	
– J'en ____________________ vingt.	prendre
– Vous ______________________________ aux collègues	déjà téléphoner
pour prendre des empreintes digitales[5] ?	
– Non, je ______________________________	ne pas / encore /
____________________ .	les / contacter
– Vous ______________________________ à l'employée que les	déjà parler
malfaiteurs ____________________ ?	menacer
– Non, on ______________________________	ne pas encore / la /
____________________ .	interroger
– Où sont les témoins ? Vous les ____________________ partir ?	laisser
– Non, je les ____________________ dans le bureau du bijoutier	conduire
et je les ____________________ d'attendre.	prier

---

1 un braquage bewaffneter Überfall (überfallen) – **2 une bijouterie** Juweliergeschäft – **3 un enquêteur** Ermittler – **4 cagoulé, e** maskiert – **5 des empreintes digitales** Fingerabdrücke

6 Une lettre d'Arno (Angleichung des Participe passé)

§ 28
S. 68 – 71

Bruno hat einen Brief an seine Großeltern geschrieben. Leider hat er nicht an die ***Angleichung des Participe passé*** *gedacht. Korrigieren Sie seine Fehler. Unterstreichen Sie die Stelle, an der eine Angleichung fehlt und schreiben Sie die korrekte Verbform mit Bezugswort auf ein Blatt oder in Ihr Heft. Beispiel:* **votre lettre que j'ai reçue…**

Chers grands-parents,

Je vous remercie beaucoup de votre lettre que j'ai reçu hier. Les photos que vous m'avez envoyé me plaisent beaucoup. Je les ai montré à ma copine Sonia pour lui donner une idée de votre vie en Normandie.
Nous avons passé une très bonne semaine dans un gîte[1] dans les Pyrénées. A notre arrivée, la propriétaire est venu nous dire bonjour. Sonia et moi, nous l'avons trouvé très gentille. Elle s'est intéressé à toutes les excursions qu'on a fait dans la région.
Le premier soir, on a fait un grand feu dans la cheminée. Puis nous nous sommes fait une bonne garbure[2] – une spécialité de la région. Après, nous nous sommes réchauffé devant la cheminée et nous nous sommes raconté des histoires. Pauvre Sonia, elle s'est retrouvé sans vêtements chauds. Alors on s'est rendu à Pau où Sonia a acheté un polaire et un pantalon. Elle s'est aussi offert une paire de chaussures de montagne. Après ça, nous avons quitté la ville et on est allé à Cauterets dans le Parc National des Pyrénées. On a beaucoup marché mais on n'a pas vu les ours dont on parle beaucoup ici. Je me souviens que vous êtes venu ici il y a quelques années. Mais je ne sais plus quels villages vous avez visité à l'époque[3]. J'imagine que beaucoup de choses ont changé entre-temps.

Je vous embrasse,

Arno

---

1 un gîte Ferienunterkunft – **2 une garbure** kräftiger Suppeneintopf mit Fleisch und Gemüse – **3 à l'époque** damals

Gebrauch der Zeiten und Modi

Que sais-je ?

§ 33
S. 79–81

Une annonce

*Schreiben Sie den Text in der Vergangenheit auf ein Blatt oder in Ihr Heft. Verwenden Sie das **Passé composé** oder das **Imparfait**.*

C'est un samedi matin. Comme d'habitude, Zoé lit *La Dépêche du Midi*. En même temps, son copain Julien prépare le café : ils veulent prendre le petit déjeuner ensemble. Tout à coup, Zoé voit une annonce qu'elle montre à Julien. C'est pour louer un appartement. Alors, les deux jeunes décident d'appeler le propriétaire qui leur donne rendez-vous à 16 heures. Quand ils arrivent à l'adresse indiquée, M. Renard les attend déjà. Ils montent au 6e étage sans prendre l'ascenseur. Pendant que M. Renard vante[1] les atouts[2] de l'appartement, Zoé et Julien le regardent en détail. Quelle chance ! L'appart est en bon état. A la fin de la visite, ils se mettent d'accord pour le louer.

§§ 30–32, 36, 38–39
S. 77–78, S. 82–90

Questions d'amour

***Indicatif**, **Conditionnel** oder **Subjonctif**? Setzen Sie die richtige Form ein.*

1. Magali a déjà eu plusieurs déceptions sentimentales. En ce moment, elle a des problèmes avec son copain Vincent bien qu'elle ______ toujours attention à ce qu'elle	faire
______ et à ce qu'elle ______.	faire / dire
2. C'est pourquoi elle préfère que ses rapports avec lui ne / n' ______ pas plus loin.	aller
3. Elle craint qu'il ______ la laisser tomber. Elle sait qu'à	pouvoir
l'avenir, d'autres filles ______ des cours de surf avec lui.	prendre
4. Elle se souvient que l'année dernière, à l'Alpe d'Huez, elle ______ amoureuse de Manuel, son moniteur de ski.	être
5. Elle était heureuse qu'il l' ______ préférée à d'autres	avoir
filles de son cours. Elle espérait que cela ______ au moins pendant toutes les vacances.	durer
6. Mais au bout d'une semaine, Manuel ______ de plus en plus d'une nouvelle élève de son cours, une super belle Italienne.	s'occuper
7. Magali n'est pas comme sa meilleure amie Léa qui ______ ______ vite ses anciens petits copains.	oublier
8. Magali est sûre que Léa ne / n' ______ plus depuis longtemps à Rémi, avec qui elle s'est consolée quand	penser
Vincent ne / n' ______ pas à ses avances.	répondre

1 vanter qc etw. anpreisen – **2 les atouts** *m* Vorzüge

Exercices

1 Enfin sans parents ! Julie raconte...
(Passé composé, Imparfait, Plus-que-parfait)

§§ 31–34
S. 78–81

*Verwenden Sie das **Imparfait**, das **Passé composé** oder das **Plus-que-parfait**.*

Tipp!
Zur Angleichung des Participe passé → S. 21–23, Übungen 4–6.

1. Pendant des années, je / j' ____________ les vacances avec mes parents. — passer
2. Ça / C' ____________ un peu ennuyeux : tous les ans, nous ____________ à la montagne, nous ____________ des randonnées et nous ____________ nos pique-niques à côté des vaches. — être; aller / faire; manger
3. A 17 ans, j' ____________ envie de passer mes vacances différemment. — avoir
4. Avec ma copine Marie, je / j' ____________ mon sac à dos et nous ____________ à Naxos en Grèce. — prendre; aller
5. Ça / C' ____________ fantastique ! — être
6. Tous les jours, on ____________ à la plage où on ____________. — aller; se bronzer
7. Un jour, nous ____________ deux Hollandais avec qui nous ____________ notre voyage. — rencontrer; continuer
8. Arjen et Johan, qui ____________ très sympas, ____________ d'Amsterdam et ____________ de faire le tour des Cyclades[1]. — être; venir / décider
9. Ensemble, nous ____________ presque toutes les îles. — visiter
10. Un soir, à Milos, les garçons ____________ d'hébergement parce que tous les hôtels ____________ complets. — ne pas trouver; être
11. Marie et moi, nous ____________ ce problème car nous ____________ une chambre sur Internet avant notre départ. — ne pas avoir; réserver
12. Finalement, Arjen et Roben ____________ passer la nuit sur la plage. — devoir
13. Un an plus tard, Marie, qui ____________ amoureuse d'Arjen, ____________ ses études... à Amsterdam ! — tomber; commencer

1 **les Cyclades** griechische Inselgruppe

§§ 30–34, 36, 38
S. 77–85

2 La « presque » île[1] Noirmoutier (Présent, Passé composé, Imparfait, Plus-que-parfait, Futur simple, Conditionnel présent)

Le passage du Gois en Vendée[2] est une chaussée de 4,5 km qui relie l'île de Noirmoutier au continent. La route est praticable[3] uniquement à marée basse[4].

a) Setzen Sie angegebenen Verben in die richtige Zeit:
***Präsens, Passé composé, Plus-que-parfait** oder **Imparfait**?*

Les vieux Noirmoutrins[5] ______________ comme si c'était hier.	s'en souvenir
Autrefois, ils ______________ en tête les horaires des marées[6]. Quand	avoir
la mer ______________ haute, ils ______________ que le Gois	être / savoir
______________ fermé et qu'il ne ______________ plus rien leur	être / pouvoir
arriver. Aujourd'hui encore, à marée basse, la mer ______________	se retirer
sur plusieurs centaines de mètres et l'île ______________	devenir
une presqu'île. Quand le niveau de l'eau ______________, la route,	monter
qui ______________ ______________ en 1920,	construire (Passiv)
______________ sous l'eau.	disparaître
Après qu'on ______________ un pont, le Gois	construire
______________ son importance routière et ______________	perdre / se trans-
______________ en attraction touristique. Chaque année,	former
quand il y ______________ les grandes marées[7], ils ______________	avoir / être
des centaines à venir. Par beau temps, voitures et camping-cars	
______________ la queue en attendant de pouvoir traverser. En cas	faire
d'accident – soit une douzaine de fois par an – le directeur de l'office du	
tourisme ______________ l'alerte[8].	donner
En août dernier, plusieurs touristes qui ______________	vouloir
prendre le passage alors que la mer ______________	commencer
déjà à monter, ______________ quitter leurs voitures et	devoir
monter sur les balises-refuges[9]. Ils ______________	tout de suite appeler
les pompiers. Pendant qu'ils ______________ les secours,	attendre
l'eau ______________ sans arrêt. Comme il ______________	monter / faire
beau, les pompiers – à l'aide d'un zodiac[10] – ne / n' ______________	mettre
______________ qu'une heure pour secourir les imprudents.	

---

1 une « presque » île Anspielung auf *une presqu'île* = Halbinsel – **2 la Vendée** Region an der französischen Atlantikküste – **3 praticable** benutzbar, befahrbar – **4 à marée basse** bei Ebbe – **5 un Noirmoutrin** Einwohner der Insel Noirmoutier – **6 les horaires des marées** Gezeitentafel, Flutkalender – **7 une grande marée** Springflut – **8 une alerte** Alarm – **9 une balise refuge** *ici :* Rettungsturm – **10 un zodiac** Schlauchboot

… Bonne Nouvelle… Bonne Nouvelle… Bonne Nouvelle… Bonne Nouvelle

*b) **Passé composé, Imparfait, Futur simple, Conditionnel présent** ?*

Le lieu du départ du prochain Tour de France ______________	être dévoilé[1]
ce matin à Paris devant la presse internationale. Le départ	
______________ directement du passage du Gois. On	être donné
______________ déjà qu'il n'y ______________ pas de	savoir / avoir
prologue. La première étape ______________ donc une étape	être
en ligne[2] du passage du Gois au Mont des Alouettes. La suite du parcours	
______________ à Paris, demain à 18 heures.	être annoncé

Tipp!
Übungen zum Passiv → Kapitel 19.

3 Devenir pilote (Conditionnel présent)

§ 38
S. 84 – 85

Julien rêve de devenir pilote. Il en discute avec ses parents.

Bestimmen Sie bei jedem Satz, ob es sich um einen Wunsch (W), eine Vermutung (V), eine Bitte (B), eine Möglichkeit (M) oder einen Ratschlag (R) handelt. Bei einigen Sätzen gibt es zwei Möglichkeiten.

Tipp!
Zur temporalen Funktion des Conditionnel → Kapitel 16.

Julien :	J'aimerais devenir pilote.	☐
	Comme pilote de ligne je pourrais parcourir le monde en avion !	☐
	En plus, je gagnerais bien ma vie.	☐
La mère :	Tu passerais toute ta vie dans les avions, aéroports et hôtels.	☐
	Et pour bien te reposer, tu devrais prendre trois semaines de vacances au moins deux fois par an.	☐
Le père :	Et tu aurais des horaires anarchiques, du stress… je pense.	☐
La mère :	Oui, tu travaillerais même la nuit…	☐
Julien :	Pourriez-vous vous calmer un peu ? Ce ne serait pas pour toujours.	☐
Le père :	Ecoute, je voudrais que tu penses d'abord au lycée.	☐
La mère :	A ta place, j'essaierais d'avoir des meilleures notes, surtout en maths et en anglais. Et après le bac, on verra.	☐
Le père :	Oui, ta mère, elle a raison : tu ferais mieux de travailler plus maintenant plutôt que de rêver !	☐

4 Modalités (Conditionnel présent, Conditionnel passé)

§ 38
S. 84 – 85

Übersetzen Sie und geben Sie an, um welche modale Funktion es sich handelt.

1. Könntest du mir helfen, mein Fahrrad zu reparieren?
   Du solltest (faire mieux) dich besser an einen Mechaniker wenden.
   Er müsste bessere Werkzeuge haben (des outils).
2. Nach dem Abitur möchte ich ein freiwilliges soziales Jahr (une année de volontariat social) in Amerika verbringen.
   Ich könnte mein Englisch verbessern.
   An deiner Stelle würde ich mich sofort um alle Formalitäten kümmern.
3. 14 Treibstofflager (des dépôts de carburant) sollen im Rahmen eines Streiks (dans le cadre d'une grève) blockiert worden sein.

Tipp!
Tempus und Modus
Tempus = die Zeitform des Verbs;
Modus = die persönliche Einstellung des Sprechers gegenüber einer Sache

1 **dévoiler qc** *ici* : etw. bekannt geben – 2 **une étape en ligne** Flachetappe

§ 38
S. 84 – 85

5 C'est trop tard ! (Conditionnel présent, Conditionnel passé)

Was sagen Sie auf Französisch?

1. bei einer Verspätung: Sie wären rechtzeitig gekommen, aber Ihr Chef hat sie nicht früher gehen lassen.

   ____

   ____

2. zu Ihrem Freund / Ihrer Freundin am Telefon: Sie wären gern mit ihm / ihr ins Kino gegangen, aber Sie haben noch eine Präsentation vorbereitet.

   ____

   ____

3. zu einem Mitschüler: Er hätte besser daran getan, mit seiner Erkältung (le rhume) zu Hause zu bleiben. Jetzt ist er wirklich krank.

   ____

   ____

4. zu einer Freundin: Ihre Freundin hätte die Stelle nicht ausschlagen (refuser) sollen. Sie wäre ideal für sie gewesen.

   ____

   ____

§ 39
S. 86 – 90

6 La colocation[1] – un modèle à suivre ? (Subjonctif)

Dans un forum sur Internet, les étudiants parlent des avantages et des inconvénients d'une vie à plusieurs dans un appartement.

Subjonctif *oder* ***Indikativ****? Setzen Sie die richtige Form ein.*

Tipp!

Nach unpersönlichen Ausdrücken wie *il paraît que* steht der Indikativ, wenn die Aussage als sicher oder wahrscheinlich betrachtet werden kann. Weitere Ausdrücke → OG, S. 88, Beachte 2.

Modo : Après le bac, beaucoup de jeunes se demandent s'ils (aller) ______________ travailler ou faire des études. Il est évident que la vie d'un étudiant dans une ville universitaire (être) ______________ très chère. Il suffit qu'on (lire) ______________ les annonces de locations d'appartements pour étudiants. Il paraît qu'un étudiant français (payer) ______________ à peu près 400 € en moyenne par mois pour un logement plus ou moins confortable. Certains disent que la colocation (être) ______________ la meilleure solution pour réduire le coût d'une location. D'autres craignent que la vie commune avec des colocataires (pouvoir) ______________ vite virer au cauchemar[2]. Il est donc important qu'on (entendre) ______________ les témoignages[3] des colocs[4] expérimentés :

Alex : En temps de crise, il est nécessaire que les étudiants (faire) ______________ des économies. Je trouve que la colocation (pouvoir) ______________ y contribuer.

---

1 la colocation Wohngemeinschaft, WG – **2 virer au cauchemar** zum Albtraum werden – **3 un témoignage** Aussage – **4 un coloc(ataire)** Mitbewohner, WGler

Aïcha2 : Une fois l'appartement choisi et si vous n'(avoir) ________________ pas encore de colocataire, il faut absolument que vous (trouver) ________________ la bonne personne. Il faut être sûr que vous (avoir) ________________ à peu près le même rythme de vie.

Depassage : J'ai été surpris que les propriétaires (demander) ________________ tant de documents (fiche de salaire, chèque de caution, attestations…). Jusqu'à ce que nous (avoir) ________________ obtenu le logement, ça a duré longtemps. Il est vrai que ça / c'(être) ________________ un travail de longue haleine[1].

JennyM : Je doute que les meilleurs copains (être) ________________ forcément les meilleurs colocataires. Je m'entends très bien avec mon copain à condition qu'il ne (vivre) ________________ pas sous le même toit que moi.

Joxxl : Je crois que la colocation (être) ________________ une bonne école. Je trouve bien qu'on (apprendre) ________________ à faire des compromis. J'aimerais que beaucoup de jeunes trop gâtés[2] (faire) ________________ cette expérience.

Platon : J'ai partagé des appartements avec des amis, des inconnus, aussi bien des hommes que des femmes, et il me semble qu'il n'y (avoir) ________________ pas de recette magique. Je suis convaincu qu'il (falloir) ________________ rester souple[3] et s'adapter aux personnes avec qui tu (vivre) ________________.

7 Projet de voyage (Subjonctif)

§ 39
S. 86 – 90

Deux femmes parlent des vacances. *Übersetzen Sie.*

1. *Mme Rieux:* Sie müssen Rio besuchen. Das ist die schönste Stadt, die ich kenne. Das waren die interessantesten Ferien, die ich bis jetzt (jusqu'ici) verbracht habe.
2. *Mme Perez:* Sie sind nicht die erste / die einzige, die mir das sagt. Ich möchte gerne nach Brasilien fahren, vorausgesetzt, dass das nicht zu teuer ist.
3. *Mme Rieux:* Wollen Sie, dass ich Ihnen die Adresse der Website meines Reiseveranstalters (tour opérateur) schicke? Ich kenne wenige Reiseveranstalter, die so kompetent sind und Reisen zu so vernünftigen Preisen in ihrem Programm haben.
4. *Mme Perez:* Danke sehr. Man sagt, dass die Leute dort sehr freundlich sind.
5. *Mme Rieux:* Noch (juste) ein Ratschlag: Bevor Sie dorthin fahren, wäre es besser, wenn Sie einige Wörter auf Portugiesisch lernen würden.
6. *Mme Perez:* Das ist eine gute Idee. Kennen Sie jemanden, der mir schnell einige Lektionen Portugiesisch geben kann?
7. *Mme Rieu:* Aber ja! Es gibt nur eine Person, die fähig ist, das richtig zu machen: Das ist mein Nachbar Pedro, er ist Brasilianer.

Tipp!

„Bevor“: *Avant que / Avant de faire qc…* → OG, S. 90, Beachte.

1 la haleine Atem – **2 gâté, e** verwöhnt – **3 souple** anpassungsfähig

KAPITEL 7

Die Verneinung

Que sais-je ?

§ 40 – 41
S. 94 – 96

Voyage en Espagne

Bringen Sie die Wörter in die richtige Reihenfolge und achten Sie dabei auf die Stellung der Verneinungselemente.

1. jamais | Espagne. | n' | ai | Je | en | été

____

2. aller. | je | Cette | voulais | année, | absolument | y

____

3. espagnol. | l' | ai | Mais | n' | je | appris | encore | pas

____

4. arrivé(e) | je | Quand | parler | personne. | pouvais | à | Barcelone, | à | suis | ne | je

____

____

Tipp!

Achten Sie in dieser Übung auf die besondere Stellung von *personne*: Es steht nach dem Participe passé und nach dem Infinitiv.

5. camping, | n' | personne. | avait | Au | y | presque | il

____

6. campeurs, | Parmi | parlait | personne | ne | français. | les

____

7. Et | temps | aider | tente. | m' | de | monter | le | personne | à | avait | n' | la

____

____

8. comment | sachant | monter | pas | tente | la | Ne | seul(e), | hôtel. | je | allé(e) | suis | à | l'

____

____

9. camping. | Je | veux | faire | ne | du | plus

____

Exercices

1 Dans l'entreprise (Verneinungselemente und Stellung)

§§ 40 – 41
S. 94 – 96

Antworten Sie auf die Fragen mit den entsprechenden Verneinungselementen. Achten Sie auf die unterstrichenen Wörter.

1. Tu as souvent des problèmes avec ton patron ? ______________________________
____
2. Tu as déjà fait la connaissance du nouvel employé ? ______________________________
____
3. Tu travailles encore avec Mme Ricard ? ______________________________
____
4. Tu vas changer de poste dans les mois à venir ? ______________________________
____
5. Tu connais quelqu'un dans ton entreprise pour reprendre le poste du directeur délégué[1] ?
____
6. Qu'est-ce qui s'est passé dans ton bureau avant-hier ? ______________________________
____
7. Est-ce que quelqu'un connaît déjà le dossier sur les licenciements ? ______________________________
____

2 Les suites d'une agression (Verneinungselemente)

§ 40; § 46
S. 94 – 95, S. 99 – 100

Füllen Sie die Lücken mit den angegebenen Verneinungselementen.

Tipp!
Zur **Verstärkung** der Verneinung → OG, „Beachte!" S. 94 und 95.

Martine a vécu des moments difficiles. Elle a été agressée dans le métro par un type qui voulait lui prendre son portable. Depuis elle est sous le choc.

1. Elle __________ sait __________ où ça s'est passé.	überhaupt nicht mehr
2. Avant, elle __________ avait __________ été agressée.	niemals
3. Elle __________ se souvient de __________, __________ __________ l'a aidée.	überhaupt nichts mehr niemand
4. Elle __________ a __________ souvenir de ce moment affreux.	kein(erlei)
5. Maintenant, elle __________ prend __________ le métro.	nie(mals) mehr
6. Elle __________ ose __________ sortir.	fast nicht mehr
7. Elle __________ voit __________ __________.	auch niemanden mehr

1 **le directeur délégué** stellvertretender Direktor

§ 42
S. 96–97

3 Une soirée manquée (Verneinung + direktes Objekt)

*Füllen Sie die Lücken aus und achten Sie darauf, ob nach der Verneinung **de**, der bestimmte Artikel oder der Teilungsartikel steht.*

Un restaurant près de l'Odéon

On s'est baladés près du Quartier Latin sans toutefois faire __________ visite de l'île de la Cité. On voulait faire un bon repas[1] dans la rue de la Huchette. Hélas, il n'y avait pas __________ restaurant sympa. Alors, on a trouvé un bon petit restaurant près de l'Odéon. On avait le choix entre un menu avec du poisson et un autre avec de la viande. Comme on s'est décidés pour la viande, on n'a pas commandé __________ vin blanc mais __________ vin rouge pour accompagner le repas. On voulait boire un bon vin de Bourgogne, mais il ne restait plus __________ vin de cette région. Vraiment, ce soir-là, on n'a pas eu __________ chance.

§§ 40, 41, 43
S. 94–96, S. 98

4 Voyage en France (Verneinungselemente und Stellung, *ne… ni… ni…*)

Übersetzen Sie. Achten Sie auf die Stellung der Verneinungselemente.

1. Ich bin (noch) nie in Frankreich gewesen.
2. Weder meine Eltern noch meine Freunde kennen Frankreich.
3. Leider kann mir fast niemand Informationen geben.
   Nur unser Nachbar könnte uns helfen.
   Er war letzten Sommer in der Bourgogne.
4. Ich werde deshalb weder in die Bretagne noch an die Côte d'Azur fahren (aller), sondern in die Bourgogne.
5. Niemand will mich aber begleiten.
6. Ich brauche zwar (Certes,…) keinen Führer (le guide), aber ich habe auch keine Lust, allein zu fahren (partir).

§§ 40–43
S. 94–98

5 Il ne fait jamais rien. (Verneinungselemente, Verneinung + direktes Objekt, *ne… ni… ni…*)

Drücken Sie bei den folgenden Sätzen das Gegenteil aus.

1. Il a tout fait. ______________________________
2. Il a parlé à tout le monde. ______________________________
3. Il a cherché partout. ______________________________
4. Tout le monde en parle. ______________________________
5. Il a trouvé des indices et des traces. ______________________________
   ____
6. Il suit toutes les pistes. ______________________________
7. Il abandonne toujours. ______________________________
8. Il fait souvent des erreurs. ______________________________
9. Il s'adresse à ses amis et à ses collègues. ______________________________
   ____
10. Il soupçonne (verdächtigen) tout le monde, ses enfants, ses amis, ses collègues. ______________________________
    ____

---

1 **faire un bon repas** gut essen gehen

Das Adverb

Que sais-je ?

Finden Sie die Adverbien zu den folgenden Adjektiven.

§ 47
S. 104–105

élégant		long	
joli		définitif	
absolu		certain	
particulier		agréable	
entier		récent	
méchant		naturel	
énorme		doux	
précis		profond	

Welche der folgenden Adverbien sind falsch?
Streichen Sie die falschen Formen durch und verbessern Sie sie.

§ 47
S. 104–105

~~vraiement~~	*vraiment*	brèvement	
completement		certainment	
heureusement		évidamment	
fraisement		gaiement	
différentement		typiqument	
gentillement		gratuitement	

Übersetzen Sie.

§ 49
S. 106–107

1. Man sagt, dass Marie weniger gearbeitet hat als letztes Jahr.
2. Von allen Schülern hat sich Martine am besten aufs Abitur vorbereitet.
3. Wie immer war es Léa, die am elegantesten für den Ball gekleidet war.

Setzen Sie die Adverbien an die richtige Stelle im Satz.

§ 50
S. 108–110

1. **(ce matin)** Ils sont rentrés de vacances.
2. **(rapidement)** Il a compris ce que je voulais dire.
3. **(franchement)** L'accusé a répondu aux questions du juge.
4. **(régulièrement / vraiment)** En regardant TV 5, tu vas améliorer ton français.
5. **(récemment)** Nadine a confié son chagrin d'amour à sa mère.
6. **(par conséquent / absolument)** Hier soir, l'Olympique Lyon a perdu son match contre les Girondins de Bordeaux. Ils doivent gagner leur prochain match s'ils veulent rester en tête du championnat de football.

Exercices

§ 47
S. 104–105

1 Rendez-vous chez le maire (Bildung der Adverbien)

Bilden Sie von den angegebenen Adjektiven die entsprechenden Adverbien und schreiben Sie sie in die Lücken.

M. Legrand dort ____________________. Il aime dormir	profond
____________________, mais aujourd'hui, il a rendez-vous à	tranquille
la mairie. Sa femme le réveille ____________________.	gentil
____________________ qu'elle se réveille toujours	heureux
____________________ à six heures du matin. M. Legrand	spontané
va ____________________ à la salle de bains.	rapide
____________________, il prend sa voiture, mais aujourd'hui,	normal
il prend le métro. Il veut ____________________ être à l'heure.	absolu
____________________, il a parlé de son projet au maire	récent
et comme la réalisation coûte ____________________ d'argent,	énorme
le maire a ____________________ été plutôt réticent[1]. Il dit	naturel
____________________ « Oui » tout de suite. Mais M. Legrand a	rare
____________________ préparé son dossier. Bien qu'il présente	bon
son dossier ____________________ au maire, il réussit à le	bref
présenter très ____________________. Mais le maire ne donne	précis
pas son accord tout de suite. Alors, M. Legrand lui explique encore une fois	
le pour et le contre. ____________________, après avoir	final
analysé les données ____________________, le maire donne	méticuleux[2]
le feu vert à M. Legrand pour réaliser ce projet.	

§ 47, 48
S. 104–105

2 Le vol (Adjektiv oder Adverb)

Adjektiv oder Adverb: Schreiben Sie die passende Form in die Lücke.

Tipp!

Im Deutschen unterscheiden sich Adjektiv und Adverb nicht. Im Französischen aber haben die Adverbien in der Regel eine eigene Form.

Il est (évident) ____________________ que Monique a menti. C'était (facile) ____________________ à prouver. (heureux) ____________________, le prof l'avait vue quand elle avait pris le portable. Elle l'avait volé, c'est (certain) ____________________, mais elle ne va (probable) ____________________ pas avouer ce vol maintenant. Le proviseur lui a dit qu'il y voyait déjà (clair) ____________________ ____________ dans cette histoire et qu'il vaudrait (meilleur) ____________________ qu'elle dise la vérité. Mais Monique a (énorme) ____________________ peur d'être renvoyée du lycée. (evident) ____________________, elle ne la dira jamais.

---

1 réticent,e zurückhaltend – **2 méticuleux, -euse** sorgfältig, gründlich

3 Allez tout droit (Adverb oder Adjektiv statt Adverb)

§ 47, 48
S. 104–105
S. 114 (5)

Übersetzen Sie die folgenden Sätze:

1. Hélène singt sehr gut, aber Marlène singt oft falsch.

   ____

   ____

2. Alle seine Erklärungen widersprechen sich. Ich durchschaue das nicht.

   ____

   ____

3. Natürlich musst du für das Examen hart arbeiten, danach kannst du dich sicher einige Tage ausruhen.

   ____

   ____

4. Ich habe zwar großen Hunger, aber in diesem Restaurant möchte ich nicht bleiben. Es riecht nicht gut hier.

   ____

   ____

4 Travailler au pair en France (Stellung der Adverbien)

§ 50
S. 108–110

Schreiben Sie die Sätze auf ein Blatt oder in ein Heft und setzen Sie die Adverbien an die richtige Stelle im Satz. Orientieren Sie sich an der Tabelle auf S. 110 in der Grammatik.

(chaque année) Beaucoup de jeunes filles partent en France pour travailler comme « fille au pair ». **(beaucoup)** Elles s'intéressent à ce pays de leurs rêves, **(vraiment / mieux)** elles veulent vivre dans une famille française et apprendre le français. **(souvent)** Elles ne se rendent pas compte qu'on ne peut pas considérer ces séjours comme des vacances. **(alors / rapidement)** Quand elles commencent à travailler, elles voient que c'est un « travail » avec beaucoup de responsabilités. **(normalement / tôt / spontanément)** Elles doivent s'occuper des enfants et du ménage, se lever et aider la famille. **(franchement / pourtant)** Leurs profs leur ont dit ce qui les attend, mais ils les ont encouragées à partir. **(malheureusement / toujours / bien)** Les jeunes filles ne sont pas informées. **(absolument)** Il est nécessaire de fixer les conditions du séjour avant leur arrivée en France. **(souvent / facilement)** Il est difficile de faire la connaissance de jeunes Françaises, mais on se trouve des amies parmi les autres filles au pair. **(moins)** Comme ça, on se sent seule.

5 Toujours mieux ? (Steigerung des Adverbs)

§ 49
S. 106–107

Setzen Sie die den Symbolen jeweils entsprechende ***Steigerungsform der Adverbien*** *ein.*

+ / – = Komparativ **+ + / – – = Superlativ**

1. (bien, –) Nicolas travaille ______________________ Amélie.
2. (bien, + +) C'est François qui comprend ______________________ de tous.
3. (beaucoup, + +) C'est Evelyne qui travaille ______________________,
   (bien, – –) mais c'est elle qui réussit ______________________.
4. (peu, – –) C'est Philippe qui travaille ______________________ de tous.

Achtung!
Es handelt sich um die unregelmäßigen Formen.
Die Komparative und Superlative weichen hier deutlich von der üblichen Steigerung des Adverbs ab.

S. 112 (1) **6 Voyage aux Etats-Unis** (Adverb im Deutschen, verbaler Ausdruck im Französischen)

Übersetzen Sie und ersetzen Sie die markierten Adverbien im Deutschen durch einen verbalen Ausdruck im Französischen.

1. Mme Leduc bereitet **gerade** ihre Reise in die USA vor.
2. Sie fliegt **gerne** allein, aber augenblicklich würde sie **lieber** mit ihrem Mann in Urlaub fahren.
3. Sie hätte **beinahe** in Paris bleiben müssen, weil die Piloten streikten (faire grève).
4. Sie wird nun **unverzüglich** ein Taxi bestellen, um zum Flughafen zu fahren.
5. Sie hat **gerade** noch einmal mit ihrem Chef telefoniert.
6. Sie hat ihren Kollegen **schriftlich** informiert, dass sie um 11:35 in New York ankommt.
7. Sie will **gerade** das Haus verlassen, als das Telefon klingelt.

1. ______________________________

____

2. ______________________________

____

3. ______________________________

____

4. ______________________________

____

5. ______________________________

____

6. ______________________________

____

7. ______________________________

____

8. ______________________________

____

KAPITEL 9

Die Präpositionen

Que sais-je ?

Quelle préposition choisir ?

§ 51–52
S. 115–120

Setzen Sie die passenden französischen Präpositionen ein.

Ludovine habite ________ Saint Jean, un petit village ________ France. Aujourd'hui, elle est allée ________ ville, ________ théâtre. Elle va rentrer ________ trois heures.	in
La construction du nouveau pont aurait dû commencer ________ une semaine. Mais, le jour ________ le début des travaux, le préfet a arrêté le projet. Les ouvriers se sont rassemblés et ont protesté ________ la préfecture.	vor
Après être allé ________ Luxembourg et ________ Belgique pour engager de nouveaux joueurs, notre entraîneur de foot est rentré hier soir ________ la maison. Les « nouveaux » vont jouer pour la première fois ensemble dans la semaine ________ Pâques.	nach
Tu as vu Yann ? Non, je ne l'ai vu ni ________ l'escalier, ni ________ la cour, ni ________ la rue. Il est déjà ________ route pour le match.	auf
________ 9 heures à 11 h 30, le chef ne sera pas là. A 12 h 30, il fera une pause. ________________ 14 h, il sera en réunion.	von von … an

Tipp!

Beachten Sie, dass der Gebrauch der Präpositionen im Französischen und Deutschen oft unterschiedlich ist.

Exercices

1 Zohra D. (modale Präposition „mit")

§ 52
S. 122

Vervollständigen Sie den Text mit der Übersetzung des deutschen Ausdrucks „mit …".

Elle est venue ____________________, cette jeune dame ____________________ et ____________________. Son chauffeur ____________________ lui ouvre la porte. Avant de descendre, elle continue à écouter une chanson de Benjamin Biolay ____________________. Elle envoie encore des messages ____________________, et elle se dirige finalement vers l'entrée d'un vaste hall.	mit dem Auto mit braunen Haaren und schwarzen Augen mit Anzug und Krawatte (un costume-cravate) mit geschlossenen Augen mit ihrem Smartphone

Elle parle ____________________ au gardien	mit freundlicher Stimme
de l'immeuble qui appelle l'ascenseur pour elle. ____________	mit 24 Jahren
________, Zohra D. a réussi sa vie en dirigeant sa propre entreprise.	

§ 52
S. 116–120

2 Vacances à Arcachon (Präpositionen und präpositionale Ausdrücke)

la dune de Pyla (117 m)

Setzen Sie die richtige Präposition ein.

Léa téléphone ________ sa tante Louise qui habite ________ Genève	mit / in
________ Suisse :	in
– Allô ? C'est Léa. Bonjour ________ la côte atlantique !	von
– Bonjour, Léa. Tu es où exactement ?	
– Pierre et moi, nous sommes ________________ la France,	im Westen
________ Arcachon. C'est magnifique. ________ une semaine,	in / seit
il fait très beau ici.	
– Vous avez de la chance. ________ nous, il pleut des cordes [1].	bei
– Tu sais, hier, on est montés ________ la dune de Pyla et nous	auf
nous sommes installés ________ le sable chaud.	im
________________ la dune, la vue est superbe :	oben auf
________________, ________ la baie d'Arcachon,	im Norden / auf
________________, ________ l'Atlantique	im Westen / auf
________________, ________ les forêts des Landes.	im Süden / auf
– Comment êtes-vous logés ?	
– On habite ________ une cousine de Pierre. Elle a une petite	bei
cabane[2] ________ bois ________________ son jardin.	aus / hinten im
– Il fait très chaud ?	

1 il pleut des cordes es regnet Bindfäden – **2 une cabane** *ici* : Gartenhäuschen

– Non, ______ vent, il fait une température agréable, bien	dank
______ 25°. En plus, on mange toujours ______	unter / im
l'ombre, ______ un vieux platane !	unter
– Alors, vous restez ______ quand ?	bis
– Il faut rentr ______ le 20 juillet ______ Pierre qui	vor / wegen
recommence à travailler ______ 20.	am
– Alors, vous avez encore une bonne semaine ______ vous.	vor
– Oui, mais maintenant, il me faut raccrocher. Pierre veut me servir	
l'apéro ______ une demi-heure.	seit
– D'accord. A la prochaine donc !	

3 Reporters sans Frontières (RSF)
(Präpositionen und präpositionale Ausdrücke)

§ 52
S. 116 – 120

Fügen Sie die passende Präposition oder den passenden präpositionalen Ausdruck ein und ergänzen Sie damit den Text.

en collaboration avec | depuis | à cause de | dans | pour | en | selon | malgré | à l'occasion de | par | en ce qui concerne | par rapport à | grâce à

REPORTERS SANS FRONTIERES
POUR LA LIBERTE DE LA PRESSE

______ son 25e anniversaire, Reporters sans frontières publie un album de 101 photos ______ l'agence Magnum Photos. ______ ces photos exceptionnelles, le lecteur peut revivre les grands évènements mémorables du siècle dernier. ______ 1985, cette organisation non gouvernementale se bat ______ une presse libre. ______ son porte-parole, un tiers de la population mondiale vit ______ des pays où la liberté de presse est bafouée[1]. ______ la chute[2] du communisme ______ Europe de l'Est, la liberté de presse reste menacée. ______ la France, elle régresse à la 43e place dans le classement annuel mondial et perd huit places ______ ______ l'année dernière. C'est notamment ______ la loi Hadopi[3] que la France se fait distancer ______ des pays africains comme le Mali, l'Afrique du Sud ou le Ghana.

---

1 **être bafoué,e** verhöhnt, verletzt werden – 2 **la chute** Fall, Niedergang – **la loi HADOPI** Dieses Gesetz sieht vor, dass illegales Herunterladen von Dateien zum Sperren des Internetzugangs führen kann, was aus Sicht von „Reporter ohne Grenzen" ein Verstoß gegen die Meinungsfreiheit darstellt.

KAPITEL 10

Die Pronomen

Que sais-je ?

§§ 54, 55, 57, 58
S. 126 – 127,
S. 129 – 132

Le nouvel élève

*Ergänzen Sie die Sätze wie im ersten Beispiel und ersetzen Sie die unterstrichenen Satzteile jeweils durch die Pronomen **le**, **la**, **les**, **lui**, **leur**, **y**, **en**.*

Un nouvel élève arrive dans votre classe. Vous pouvez…

…dire bonjour au nouveau.	Je **lui** dis bonjour.
…souhaiter la bienvenue au nouveau.	
…présenter vos copains au nouveau.	
… aider le nouveau à connaître l'école.	
…montrer l'école au nouveau.	
…présenter le nouveau aux profs.	
…parler au nouveau de nos cours de sport.	
…aller à la cantine avec le nouveau.	

§§ 54, 55, 57, 58
S. 126 – 127,
S. 129 – 132

Notre amour, c'est fini.

*Füllen Sie die Lücken mit Hilfe der **direkten / indirekten Objektpronomen** und **den Adverbialpronomen y** und **en** aus.*

Il ne ____________ aimait plus et allait ____________ annoncer qu'il voulait ____________ quitter. Avant son départ au Japon, il ____________ avait dit qu'il ne voulait plus vivre avec elle. Mais depuis son retour, il ne ____________ avait pas encore reparlé. Ils se sont retrouvés dans leur bel appartement pour discuter ensemble. Elle voulait ____________ dire qu'elle ____________ aimait encore. Mais elle n'osait pas ____________ ____________ avouer. Elle ne ____________ avait même pas regardé ni ne ____________ avait répondu. Elle a commencé à pleurer, puis a quitté l'appartement car elle ne pouvait plus y rester avec son ami. Elle ____________ a laissé seul sans ____________ dire « adieu ».

Exercices

1 Préparer l'anniversaire (direkte und indirekte Objektpronomen)

§§ 54, 55, 58
S. 126 – 127,
S. 130 – 132

Setzen Sie ein direktes ***(le, la, l', les)*** *oder indirektes* ***(lui, leur)*** *Objektpronomen ein. Achten Sie auf die richtige Stellung im Satz.*

– Salut, Franck, tu as envoyé les invitations ?

– Non, je ne ____________ ai ____________ pas encore envoyées, mais je ____________ vais ____________ envoyer dès aujourd'hui.

– Tu as invité Marine ?

– Bien sûr, je ____________ ai ____________ invitée hier soir. Je ____________ ai ____________ envoyé un mel. Je suis très heureuse de ____________ revoir ____________. Depuis qu'elle a déménagé, on ne se voit que rarement.

– Et les Legrand d'Orléans ?

– Je ____________ ai ____________ téléphoné hier. Ils ne peuvent pas déposer leurs enfants chez les grands-parents ni ____________ laisser ____________ seuls à la maison car ils sont encore trop petits. Alors, comment ____________ pourrait-on ____________ aider ?

– Tu ____________ peux ____________ proposer de ____________ emmener ____________. Ils joueraient avec nos enfants et notre fille au pair ____________ surveillerait ____________ aussi.

– C'est une très bonne idée. Je ____________ vais ____________ appeler tout de suite.

Tipp!

Achten Sie darauf, ob das Verb, auf das sich das Pronomen bezieht, ein Objekt mit oder ohne Präposition anschließt:
envoyer **qc** /
téléphoner **à qn** /
parler **de qn / qc**

2 Questions « élémentaires » (Adverbialpronomen *y* und *en*)

§§ 57, 58
S. 129 – 132

Setzen Sie ***y*** *oder* ***en*** *ein.*

1. La mort, vous _________ pensez de temps en temps ? Vous _________ avez peur ?
2. Et l'avenir ? Vous _________ pensez avec intérêt ou avec angoisse[1] ?
3. La vie familiale, vous _________ tenez[2] ?
4. L'amour du prochain, vous _________ croyez ?
5. L'argent, vous _________ avez besoin pour être heureux(-euse) ?
6. La politique, vous vous _________ intéressez beaucoup ?
7. Les centrales nucléaires, qu'est-ce que vous _________ pensez ?
8. Si on organisait une manifestation pour la légalisation de l'euthanasie, vous _________ participeriez ?

3 Paris vaut toujours une visite. (Adverbialpronomen *y* und *en*)

§§ 57, 58
S. 129 – 132

Setzen Sie ***y*** *oder* ***en*** *ein. Achten Sie auf die richtige Stellung im Satz.*

– Est-ce que tu es allé(e) à Paris dernièrement ?

– Non, je n' _________ suis _________ pas encore allé(e) cette année.
Mais je _________ voudrais _________ retourner depuis longtemps.

---

1 l'angoisse *f.* Angst – **2 tenir à qn / qc** an jdm / etw. hängen

– Pourquoi ?

– Tu as entendu parler de l'exposition au Grand Palais ?

– Non, je n' ________ ai ________ pas entendu parler. Est-ce que ça vaut la peine d' ________ aller ________ ?

– Absolument, tu ________ trouves ________ des tableaux d'art moderne sensationnels. Tout Paris ________ parle ________.

Les Leduc viennent de passer une semaine à Paris. Ils ________ sont ________ rentrés hier soir. C'était un séjour formidable. Ils ________ étaient ________ très satisfaits. Ils ________ veulent ________ retourner prochainement.

§§ 54, 55, 57, 58
S. 126 – 127,
S. 129 – 132

4 La maison de leurs rêves ? (Objekt- und Adverbialpronomen)

Wählen Sie das passende Pronomen aus und achten Sie auf die richtige Stellung im Satz.

Les Legrand espèrent avoir trouvé la maison de leurs rêves. La maison se trouve dans la banlieue de Montpellier. Ils ________ ont ________ découverte en lisant les petites annonces dans leur quotidien. Aujourd'hui, ils ________ vont ________ aller pour ________ pouvoir ________ visiter. Ils ________ avaient ________ cherché une depuis très longtemps.

Mais le prix leur semble trop élevé, c'est pourquoi ils essaieront de négocier avec le propriétaire. Ils ________ ont ________ déjà téléphoné plusieurs fois. La maison est très belle et très grande. Il ________ faut ________ trois chambres et il ________ ________ a cinq. Et le jardin ? Ils ________ veulent ________ construire une piscine. Ils ________ ont ________ déjà parlé à un architecte et il ________ a ________ aussi proposé de faire construire une loggia. Les Legrand ________ rêvent ________ depuis longtemps. Et ils aiment les arbres, mais il n' ________ ________ a que dix. Ce n'est pas un problème. Il y a assez de place pour ________ planter ________ d'autres !

§ 58
S. 130 – 132

5 Pourquoi ne pas dire la vérité ? (Objekt- und Adverbialpronomen)

Ersetzen Sie die unterstrichenen Satzteile in der Antwort durch ein Pronomen.

Christine a prêté de l'argent à Martine. Mais elle ne peut pas le lui rendre.

Tipp!

Denken Sie daran: **le**, **la**, **les** vor **lui** und **leur**; **y** und **en** werden nachgeordnet: **les y**, **lui en** usw.

1. – Tu as déjà rendu l'argent à Christine ?
   – Non, je ne ________ ________ ai pas encore rendu.
2. – Pourquoi est-ce que tu ne dis pas la vérité à Christine ?
   – Je ne ________ ________ dis pas parce que j'ai honte.
3. – Et quand est-ce que tu vas révéler la vérité à Christine ?
   – Je vais ________ ________ révéler quand j' ________ aurai le courage.

4. – Tu as déjà demandé à ta grand-mère de t'aider dans cette situation difficile ?

   – Non, je ne / n' ________ ai pas encore pensé.

5. – Quand est-ce que tu vas parler de cette affaire à tes parents ?

   – Je vais ________ ________ parler quand j'aurai rendu l'argent à Christine.

6 Recevoir une nouvelle collègue (Objekt- und Adverbialpronomen)

§ 58
S. 130 – 132

*Ersetzen Sie die unterstrichenen Satzteile in der Antwort durch ein Pronomen und beginnen Sie die Antworten mit **D'accord, je vais...** Schreiben Sie Ihre Antworten auf ein Blatt oder in Ihr Heft.*

Le patron, M. Leroi, demande à sa secrétaire d'initier la nouvelle collègue à son travail.
1. Montrez à Mme Noah son nouveau bureau.
2. Présentez Mme Noah aux collègues.
3. Parlez à Mme Noah de la bonne ambiance dans notre entreprise.
4. Proposez votre aide à Mme Noah quand elle a des questions.
5. Demandez aux collègues de la préparer à ses nouvelles tâches.

7 Préparer une fête (Objekt- und Adverbialpronomen beim Imperativ)

§ 59
S. 133

*Antworten Sie auf die Fragen mit einem **Imperativ** und ersetzen Sie die unterstrichenen Satzteile durch ein Pronomen. Achten Sie dabei auf die Stellung der Pronomen und auf die Verneinung. Schreiben Sie Ihre Antworten auf ein Blatt oder in Ihr Heft.*

1. – Tu veux que j'organise la soirée ? – Oui, ... Il n'y a pas mal de choses à préparer.
2. – Je m'occupe de la musique ? – Non, ... J'ai déjà demandé à mon frère.
3. – J'achète du vin rouge ? – Non, ... Il y a encore six bouteilles à la cave.
4. – J'informe déjà les copains de la date ? Oui, ...
5. – Tu veux que j'aille au supermarché ? Non, ... C'est Nadine qui va y aller.
6. – J'apporte des chaises ? – Non, ... On en a assez.

8 Testez-vous.

Namen, Orte und Begriffe der folgenden Übung sind nicht korrekt. Wählen Sie die richtigen aus der Liste aus und schreiben Sie sie an das Ende des jeweiligen Satzes.
Nicolas Sarkozy, Céline Dion, Edith Piaf, Charles de Gaulle, le bac, Paris, Patricia Kaas, Toulouse, François Mitterrand, Lyon, avoir plus de travail, Daniel Cohn-Bendit, l'école, Jacques Chirac, Strasbourg, avoir plus de temps libre.

1. François Fillon ? Beaucoup de Français regrettent de l'avoir élu président de la République en 2007. ____________________
2. Patricia Kaas ? Beaucoup de gens l'aiment parce qu'elle a chanté *My heart will go on.*

   ____
3. Le brevet ? Chaque année, beaucoup de jeunes Français le passent avant d'aller à l'université.

   ____
4. Paris ? L'Airbus A 380 y a été construit. ____________________
5. Napoléon ? La peine de mort a été abolie alors qu'il était Président. ____________________
6. Marseille ? En 1963, le Traité entre la France et l'Allemagne sur la coopération franco-allemande y a été signé. ____________________
7. Etre au chômage ? Tout le monde en rêve. ____________________

Que sais-je ?

§§ 64–66, 68
S. 141–144,
S. 146–147

Tipp!

Verwechseln Sie nicht das Relativpronomen **was (ce qui / ce que)** mit dem Fragepronomen **was** im Fragesatz **(Qu'est-ce qui ? / Qu'est-ce que ?)**.

Une fille bizarre

*Ergänzen Sie die Sätze mit den Relativpronomen **qui**, **que**, **dont**, **où**, **ce qui**, **ce que**.*

1. Qui est cette fille ____________ tu parles et ____________ tout le monde cherche ?
2. C'est Martine. Elle a disparu sans nous dire ____________ s'est passé.
3. Marc, ____________ a préparé l'exposé d'histoire-géo avec elle, ne sait pas ____________ il doit faire maintenant.
4. C'est Martine ____________ l'a rangé chez elle.
5. Mais personne ne sait l'endroit ____________ elle l'a rangé.
6. Mme Laroche, la prof avec ____________ Marc a parlé, veut absolument maintenir la date de la présentation de l'exposé.
7. Alors, Marc doit peut-être refaire l'exposé ____________ il avait déjà préparé.

Exercices

§§ 64–66, 68
S. 141–144,
S. 146–147

1 Tout est relatif. (Relativpronomen *qui, que, où, dont, ce qui, ce que*)

Füllen Sie die Lücken mit den passenden Relativpronomen aus.

1. C'est une école ____________ on peut apprendre plusieurs langues, ____________ n'est pas loin du centre-ville et ____________ les élèves aiment beaucoup.
2. A la fac, il y a actuellement 2000 étudiants en médecine ____________ la majorité ne finira pas ses études.
3. ____________ m'a vraiment touché, c'est l'histoire de *Mateo Falcone*[1] ____________ notre prof nous a racontée récemment : cette histoire se déroule dans un petit village en Corse ____________ les rapports familiaux sont toujours très forts. Le père, Mateo, a fusillé[2] son fils

1 Mateo Falcone Held der gleichnamigen Erzählung von Prosper Mérimée (1803–1870) –
2 fusiller qn jdn erschießen

unique car celui-ci avait trahi un criminel __________ s'était caché dans sa ferme. La police le recherchait suite à une fusillade. C'est sûrement horrible de tuer son propre fils, mais __________ le père ne pouvait pas accepter, c'était la trahison par laquelle le fils avait blessé l'honneur de la famille.

2 Isabelle Huppert, une star sans être une star
(Relativpronomen *qui, que, où, dont, ce qui, ce que*)

§§ 64, 66–68
S. 141–144,
S. 146–147

Setzen Sie die passenden Relativpronomen ein.

L'actrice __________ il est question a joué dans une centaine de films. Elle est née dans une famille bourgeoise __________ le père dirigeait une entreprise et __________ la mère était prof d'anglais. Isabelle passe son enfance à Ville-d'Avray[1] __________ elle reçoit une éducation solide. __________ les spectateurs de ses films ne savent pas, c'est qu'Isabelle veut d'abord faire de la danse. C'est sa mère __________ la pousse à chercher sa chance dans la comédie. Les petits rôles __________ elle joue d'abord ne la rendent pas encore célèbre. C'est en 1977 qu'e elle devient connue du grand public grâce au film « La Dentellière » *(Die Spitzenklöpplerin)* __________ elle joue le rôle d'une jeune coiffeuse. Celle-ci tombe amoureuse d'un étudiant __________ la quitte bientôt, __________ la pousse dans une profonde dépression __________ elle ne guérit pas. Le metteur en scène avec __________ Isabelle Huppert préférait travailler à cette époque-là, c'est Claude Chabrol __________ les films sont célèbres dans le monde entier.

3 Puzzle (Relativpronomen *qui, que, dont, ce qui, ce que, dans lequel, dans laquelle*)

§§ 64, 66–68
S. 141–144,
S. 146–147

Bilden Sie aus den Versatzstücken aufgrund ihres logischen Zusammenhangs ***einen Satz.*** *Achten Sie dabei vor allem auf die Relativpronomen, die eine wichtige Hilfe bei dem Puzzle darstellen. Es handelt sich um einen konstruierten, verschachtelten Satz, wie man ihn im Alltagsfranzösisch natürlich nie finden würde. Sie können dabei aber ihre Kombinationsgabe und gleichzeitig ihre Kenntnisse im Gebrauch der Relativpronomen testen.*

Der Satz beginnt mit: Un homme qui…

Un homme qui	a trouvé la mort.	et dans lequel ce fils	dont le fils a eu un accident
dans une pièce	qui faisait des études à Londres		est assis à son bureau
dans laquelle il s'adresse à une amie		dont les fenêtres donnent sur le jardin	
écrit une lettre		qu'il a vu lui-même	

1 **Ville d'Avray** Kleinstadt in der Île-de-France

§ 65
S. 143

4 Questions à un futur étudiant (Hervorhebung mit *c'est... qui/c'est... que*)

Beantworten Sie die Fragen und heben Sie in der Antwort die unterstrichenen Satzteile hervor.

1. Monsieur, qu'est-ce que vous allez faire après le bac ? Faire des études ou commencer un apprentissage ? ______________________________

   ____
2. Qui est-ce qui va faire des études à l'étranger ? Votre frère ou vous ?

   ____
3. Qui vous a convaincu de faire des études à l'étranger ? Vos profs ou vos parents ?

   ____
4. Où est-ce que vous allez vous inscrire ? A Londres ou à Maastricht ?

   ____
5. Quand est-ce que vous allez commencer vos études ? En octobre ou l'année prochaine ?

   ____
6. Où est-ce que vous allez habiter ? Sur le campus universitaire ou chez un particulier[1] ?

   ____

§ 66
S. 154 (3)

5 Si je savais de quoi il s'agit... (Deutsch „was")

Übersetzen Sie die folgenden Sätze und achten Sie dabei auf die unterschiedlichen Möglichkeiten, das deutsche „was" ins Französische zu übersetzen.

1. Was ist passiert? ______________________________
2. Ich weiß nicht genau, was passiert ist. Aber was passiert ist, muss schwerwiegend *(grave)* sein.

   ____

   ____
3. Was können wir tun? ______________________________
4. Was wir tun könnten wäre, die Polizei zu benachrichtigen. ______________________________

   ____
5. Ich weiß nicht, was man sonst noch machen könnte. ______________________________

   ____
6. Was ich gerne wissen würde ist, was die Polizei jetzt tun wird. ______________________________

   ____

---

1 un particulier Privatperson

Das Verb und seine Ergänzungen

Que sais-je ?

Une mère soucieuse

§ 72
S. 159 – 163

Direktes oder indirektes Objekt? Setzen Sie, falls nötig, die richtige Präposition ein.

1. Tu as téléphoné ________ ton grand-père ?
2. Tu as remercié ________ ton oncle ________ cadeau ?
3. Tu vas participer ________ l'excursion demain ?
4. Tu as déjà parlé ________ Luc ________ votre visite ?
5. Tu t'es occupé(e) ________ ton vélo ?
6. Mais qu'est-ce qu'il y a ? Tu ne réponds plus ________ mes questions ?
7. Tu penses ________ quoi ?
8. Tu es tombé amoureux ________ une fille ?

Cyberdépendance

§ 73
S. 164 – 167

*Der Infinitiv mit **à**, **de** oder **ohne** Präposition. Vervollständigen Sie den Text.*

1. Vous êtes cyberdépendant ? Vous ne pouvez plus ______ vivre sans connexion Internet ?
2. Vous voulez ______ changer votre vie ?
3. Vous détestez ______ être dépendant et vous rêvez ______ dire au revoir ______ monde virtuel ?
4. Je vous recommande ______ ne plus allumer votre ordinateur pendant une semaine.
5. Commencez sans attendre ! Arrêtez tout de suite ______ naviguer sur Internet.
6. Et n'oubliez pas ______ éteindre votre portable.
7. Il faut recommencer ______ lire des livres et réapprendre ______ écrire des lettres.
8. Mettez-vous ______ faire du sport. Alors vous aurez envie ______ sortir plus souvent.
9. Je vous invite ______ découvrir des lieux de votre ville oubliés depuis longtemps comme la poste. Bienvenue dans une nouvelle vie sans écran !

Exercices

§ 72
S. 159 – 163

1 A la terrasse d'un café (Verben mit direktem / indirektem Objekt)

Bilden Sie Sätze. Verwenden Sie das Présent.

1. un vieux monsieur / un café / apporter / à la terrasse d'un café / le serveur
   ____
2. l'addition / la serveuse / demander / une dame
   ____
3. son fils / une glace / acheter / une jeune mère
   ____
4. un SMS / sa copine / envoyer / un jeune homme
   ____
5. une cliente / sa collection / parler / un galeriste
   ____
6. remercier / un homme / son cadeau d'anniversaire / sa femme
   ____
7. une fille / présenter / son nouvel ami / ses copines
   ____

§§ 72 – 73
S. 159 – 167

2 La tête en friche[1] (direktes, indirektes Objekt / Infinitivergänzung)

Direktes oder indirektes Objekt? Ergänzung mit Infinitiv und / oder Präposition?

affiche d'après photo
© Nat Eno.

C'est l'histoire d'une de ces rencontres improbables qui peut changer ________ le cours d'une vie : la rencontre entre Germain, 45 ans, presque analphabète, et Margueritte, une vieille dame de 86 ans très cultivée.

D'abord tout le monde se moque ________ cet homme simple et gentil qui semble ________ être l'incarnation[2] même de la maladresse[3]. A l'école primaire, l'instituteur n'a pas réussi ________ apprendre ________ beaucoup de choses ________ Germain. Celui-ci se résigne ________ jouer ________ un rôle modeste dans la vie du petit village. Il décide ________ vivre dans une caravane au fond du jardin de sa mère. Cela permet ________ narrateur ________ éviter ________ croiser trop souvent le chemin de sa mère revêche[4]. En vivant ________ petits boulots, il passe ________ son temps entre le bistrot, où ses copains continuent ________ s'amuser ________ le taquiner[5], et le jardin public.

Un jour, il fait la connaissance ________ Margueritte qui y vient tous les jours ________ observer les pigeons[6]. Cette vieille dame, qui se passionne ________ la littérature, plaît beaucoup ________ Germain et le fait ________ rire. Ils deviennent vite amis. En lisant à haute voix ________ des extraits de romans, Margueritte ouvre ________ son ami un

Tipp!

Wenn Sie einmal die Ergänzung eines Verbs in der Oberstufengrammatik nicht finden, dann können Sie in einem Wörterbuch nachschlagen.

---

1 être en friche brachliegen; **La tête en friche** verfilmter Roman von Marie-Sabine Roger, ins Deutsche übertragen: « Das Labyrinth der Wörter » – **2 l'incarnation** *f.* Verkörperung – **3 la maladresse** Ungeschicktheit – **4 revêche** mürrisch, unfreundlich – **5 taquiner qn** jdn necken – **6 un pigeon** Taube nouveau monde, celui des mots et des livres. Petit à petit, Germain commence ________ s'intéresser ________ la littérature et en même temps il s'ouvre ________ gens et change ________ son comportement et ses habitudes. *La tête en friche* est un roman simple, émouvant, ________ mettre entre toutes les mains.

3 **Testez-vous.** (direktes, indirektes Objekt / Infinitivergänzung)

§§ 72–73
S. 159–167

Welche der folgenden Sätze sind korrekt? Setzen Sie einen Haken hintern den richtigen Satz.

1. Est-ce que vous croyez à Dieu ?
   Est-ce que vous croyez en Dieu ?
   Est-ce que vous croyez Dieu ?

2. Tu as emprunté le nouveau roman de Marie-Sabine Roger à ton copain ?
   Tu as emprunté le nouveau roman de Marie-Sabine Roger de ton copain ?
   Tu as emprunté ton copain le nouveau roman de Marie-Sabine Roger ?

3. Je me rappelle bien de nos vacances en Bretagne.
   Je me rappelle bien nos vacances en Bretagne.
   Je me rappelle bien à nos vacances en Bretagne.

4. Le président de la République vient de présenter son nouveau programme.
   Le président de la République vient en présenter son nouveau programme.
   Le président de la République vient à présenter son nouveau programme.

5. Le dictateur a fini de quitter son pays.
   Le dictateur a fini par quitter son pays.
   Le dictateur a fini quitter son pays.

6. Le roi a demandé son peuple de ne pas croire à ce que la presse écrit sur lui.
   Le roi a demandé à son peuple ne pas croire à ce que la presse écrit sur lui.
   Le roi a demandé à son peuple de ne pas croire à ce que la presse écrit sur lui.

7. L'Olympique de Marseille pense bientôt d'engager le meilleur espoir du football français.
   L'Olympique de Marseille pense bientôt engager le meilleur espoir du football français.
   L'Olympique de Marseille pense bientôt sur engager le meilleur espoir du football français.

8. L'économie française n'arrive pas de réduire son déficit.
   L'économie française n'arrive pas à réduire son déficit.
   L'économie française n'arrive pas réduire son déficit.

9. Le patron a reproché les syndicats d'avoir interrompu les négociations sur les salaires.
   Le patron a reproché aux syndicats avoir interrompu les négociations sur les salaires.
   Le patron a reproché aux syndicats d'avoir interrompu les négociations sur les salaires.

10. Les Français ont protesté contre le candidat du Front National aux élections présidentielles.
    Les Français ont protesté du candidat du Front National aux élections présidentielles.
    Les Français ont protesté avec le candidat du Front National aux élections présidentielles.

KAPITEL 12

Der Fragesatz

Que sais-je ?

§§ 75 – 78
S. 170 – 175

L'expérience de Bérengère Lefranc

Stellen Sie die Fragen, die zu diesen Antworten geführt haben.

Bérengère Lefranc : avant et après

1. Pendant un mois en 2009, Bérengère Lefranc a porté un vêtement ressemblant à la « burqa ».

   ___

2. Elle a porté ce vêtement parce qu'elle voulait savoir comment on se sent quand on ne peut pas être vue.

   ___

3. Bérengère Lefranc, c'est une artiste parisienne.

   ___

4. Pour elle, porter ce vêtement, c'était parfois l'enfer.

   ___

5. La « burqa » à l'origine, vient d'Afghanistan.

   ___

6. En la voyant ainsi, les joggers la regardaient avec le sourire.

   ___

7. Elle a parlé de cette expérience dans un livre qui s'intitule « Un voile » et qui est paru en 2010.

   ___

Exercices

§ 75
S. 170 – 173

1 Questions à un auteur (Inversionsfrage und absolute Fragestellung)

Wandeln sie die folgenden Fragen um. Verwenden Sie Inversionsfragen oder die absolute Fragestellung.

1. Quand est-ce que vous arrivez à Paris ?

   ___

2. Est-ce que votre femme va vous accompagner ?

   ___

3. Est-ce que vous prenez le métro ou le taxi pour arriver au Palais des Congrès ?

   ___

4. Est-ce qu'on doit organiser une conférence de presse ?

____

5. Est-ce que les jeunes lecteurs ont le droit de vous poser des questions ?

____

6. Pourquoi est-ce que la présentation de votre livre est si importante pour vous ?

____

7. Comment est-ce que vous voulez présenter votre livre ?

____

8. Est-ce que vous êtes prêt à donner des autographes[1] à la fin de votre présentation ?

____

2 Interview : Comment passez-vous vos vacances ? (Fragesätze)

§§ 75 – 78
S. 170 – 175

Welche Fragen wird der Journalist an die Legrands stellen?

Il veut savoir…

1. … ce que les Legrand veulent faire pendant leurs vacances.

____

2. … si les Legrand ont bien préparé leurs vacances.

____

3. … où ils veulent aller.

____

4. … comment ils veulent y aller.

____

5. … combien de semaines ils vont rester là-bas.

____

6. … à quelle heure ils arrivent à destination.

____

7. … ce qui les intéresse là-bas.

____

8. … s'ils peuvent lui laisser les coordonnées de l'agence de voyages à laquelle ils se sont adressés.

____

1 un autographe Autogramm, Widmung

§ 79
S. 176

3 La publication d'un article (Fragen mit *quel, quelle, quels, quelles*)

Übersetzen Sie folgende Fragen und benutzen Sie dabei eine Form von « quel ».

Achtung!

Beachten Sie die Angleichung des Partizips bei vorausgehendem direkten Objekt.

1. In welcher Zeitung wurde der Artikel veröffentlicht (publier)?

____

2. Welche Informationen hat der Journalist veröffentlicht?

____

3. Aus welchen Gründen hat die Regierung (darauf) reagiert?

____

4. Welches sind die Konsequenzen aus der Veröffentlichung dieses Artikels?

____

5. Welche Maßnahmen hat der Innenminister (le Ministre de l'Intérieur) ergriffen?

____

§ 79
S. 176

4 La langue parlée ou la langue écrite ? (Fragen im gesprochenen und geschriebenen Französisch)

Welche der folgenden Fragen gehören eher der gesprochenen und welche eher der geschriebenen Sprache an (oder beiden)?

	parlé	écrit
1. Comment le Premier Ministre a-t-il pu convaincre le Président ?		
2. Le music-hall, on y va comment ?		
3. Il va venir quand, ton frère ?		
4. Comment est-elle partie ?		
5. Ta sœur, elle ne vient pas ?		
6. Est-ce que tu as oublié notre rendez-vous ?		
7. Pour quelle raison as-tu quitté Laurent ?		

§ 75
S. 170 – 173

5 Types de questions (Fragetypen)

Nennen Sie 6 Möglichkeiten, die folgende Frage zu übersetzen. Schreiben Sie die Sätze in Ihr Heft oder auf ein Blatt.

Wann wird der Präsident zurückkehren? (quand / le Président / rentrer)

Indirekte Rede / Indirekte Frage

Que sais-je ?

Balade dans les calanques[1]

§§ 80 – 83
S. 180 – 186

Wandeln sie die direkte Rede in indirekte Rede um. Achten Sie auf das Tempus des Einleitungssatzes und auf die Angleichung der Pronomen, Verbformen und Begeiter. Schreiben Sie die Sätze in Ihr Heft oder auf ein Blatt.

Léo et sa mère ont décidé de faire ensemble une balade dans les calanques. Après leur retour, Léo raconte à ses copains comment la journée précédente s'est déroulée.

Exemple :

1. « Nous sommes partis hier très tôt le matin. »
   Léo raconte qu'ils sont partis la veille très tôt le matin.
2. « J'aime les Calanques parce qu'il y a toujours de belles vues sur la mer. »
3. « Le chemin était très raid[2] et maman avait peur. »
4. « Maman aurait préféré marcher sur la plage. »
5. « Nous avons fait un pique-nique à midi. »
6. « Maman avait emporté des boissons et des sandwichs. »
7. « Nous n'avons rencontré personne. »
8. « Le soir, nous étions très fatigués. »
9. « Aujourd'hui, nous resterons sur la plage pour nous reposer… »

*Geben Sie nun den Bericht Léos **mit einem Einleitungsverb** in der Vergangenheit wieder. Achten Sie auf die Veränderungen der Zeitangaben.*

Exemple : 1. Léo **a raconté** qu'**ils étaient** partis **la veille** très tôt le matin.

Des jeunes en excursion à Paris

*Formen Sie die folgenden Fragen in indirekte Fragen um. Schreiben Sie die Sätze in Ihr Heft oder auf ein Blatt. Beginnen Sie die Sätze mit **Ils veulent savoir…***

Un groupe de jeunes Allemands passe quelques jours à Paris. Ils posent beaucoup de questions à leur prof.

1. « Avez-vous prévu une visite du Louvre ? »
2. « Qu'est-ce qui est au programme aujourd'hui ? »
3. « Où est-ce que nous pouvons faire notre pique-nique ? »
4. « Pourquoi est-ce que nous devons toujours partir en petits groupes ? »
5. « A quelle heure est-ce que nous devons rentrer à l'auberge de jeunesse le soir ? »
6. « Qu'est-ce qu'on fera demain ? »
7. « Est-ce que nous aurons du temps libre ? »

---

1 une calanque *in Südfrankreich:* Felsbucht – **2 raid,e** *ici:* steil

Exercices

§§ 80 – 81
S. 180 – 182

1 Les jeunes et l'avenir (indirekte Rede / indirekte Frage)

Formen Sie die Aussagen und Fragen der Jugendlichen in die indirekte Rede / indirekte Fragen um. Schreiben sie die Sätze in Ihr Heft oder auf ein Blatt.

Tipp!

Immer darauf achten, dass Pronomen, Verbformen und Begleiter angeglichen werden müssen.

Exemple :

1. « Nous nous inquiétons pour notre avenir. »
   Les jeunes disent qu'**ils s'inquiètent** pour leur avenir.
2. « Nous voulons vivre dans un monde sans conflits ethniques. »
3. « La politique devrait plus souvent répondre à ce qui nous préoccupe. »
4. « Nous lutterons contre la pollution des mers. »
5. « Qu'est-ce qu'on pourrait faire contre la pollution de l'air ? »
6. « Est-ce que nous trouverons un boulot après avoir terminé nos études ? »
7. « Qu'est-ce qu'on fera en cas d'accident nucléaire ? »
8. « Qui est-ce qui s'occupera des personnes de plus en plus âgées ? »

§§ 81 – 82
S. 182 – 183

2 Visite de la grotte de Lascaux (indirekte Frage)

Un groupe d'étudiants fait un tour dans le Périgord. Aujourd'hui ils visitent la grotte de Lascaux. Ils ont beaucoup de questions.

Formen Sie die Fragen der Studenten in indirekte Fragen um. Schreiben Sie die Sätze in Ihr Heft oder auf ein Blatt.

Tipp!

Bei dieser Übung müssen die Pronomen und Verbformen angeglichen werden.

1. « Qui sera notre guide ? »
2. « Quand est-ce que la grotte a été découverte ? »
3. « Est-ce que nous aurons le droit d'entrer dans la vraie grotte ? »
4. « De quelle époque datent les peintures ? »
5. « Qui est-ce qui a dessiné les peintures ? »
6. « Qu'est-ce qui a motivé les gens de cette époque à faire des peintures dans une grotte ? »

7. « Comment est-ce que les chercheurs ont trouvé l'entrée de la grotte ? »
8. « Quand est-ce que la grotte a été classée « Monument Historique » ? »

§ 82
S. 183 – 184

3 Conseil de classe (Zeitenfolge in der indirekten Rede und Frage)

Formen Sie den Dialog in indirekte Rede/indirekte Fragen um und achten Sie dabei auf die Zeitenfolge.

Mme Lambert enseigne en 3e B. Mais elle a des soucis avec certains élèves. Elle en parle pendant le conseil de classe[1].

Mme Lambert : « Je ne veux plus enseigner dans cette classe parce que les élèves ne respectent pas les autres. »

Le Proviseur : « Mais qu'est-ce qui s'est passé exactement ? »

Mme Lambert : « Certains élèves arrivent toujours en retard. Ils travaillent mal et n'arrêtent pas de perturber[2] les cours. »

Le Proviseur : « Et qu'est-ce que vous allez faire pour améliorer la situation ? »

Mme Lambert : « J'ai écrit une lettre aux parents. Mais les parents ne réagissent presque jamais. Je pense qu'ils ne s'intéressent pas suffisamment à leurs enfants ou parfois même qu'ils se solidarisent avec eux. J'ai essayé de discuter avec les élèves. C'était impossible. »

Proviseur : « Comment imaginez-vous la suite ? »

---

1 le conseil de classe Klassen- / Zeugniskonferenz – **2 perturber qc** etw. stören

Mme Lambert : « Je voudrais enseigner dans une autre classe. Est-ce qu'il n'est pas possible de changer de classe ?»

Le soir, le proviseur parle du conseil de classe à sa femme qui est prof aussi :

Mme Lambert a dit au conseil de classe ____________________

____

Je lui ai demandé ____________________

Elle a répondu ____________________

____

Je voulais savoir ____________________

Mme Lambert a précisé ____________________

____

____

Je lui ai demandé ____________________

____

Elle a répondu ____________________

et a demandé ____________________

4 Au téléphone (Zeitenfolge in der indirekten Rede, Zeitangaben)

§§ 82–83
S. 183–186

Philippe berichtet von einem Telefonat, das er einige Tage zuvor mit seinem Freund André geführt hat. Formen Sie den Dialog in die indirekte Rede um; achten Sie dabei auf die Zeitenfolge und die Veränderung der Zeitangaben.

André: « Je suis parti de chez moi lundi dernier. Actuellement, je suis à Berlin où je participe à un séminaire important. Je viendrai te voir demain. Je repartirai après demain. »

André a dit ____________________

Il a précisé ____________________

Il a promis ____________________

Il a annoncé ____________________

Tipp!
Für die Veränderung der Zeitangaben gibt es eine Übersicht auf S. 186 der Oberstufengrammatik.

5 Pas ce soir ! (Zeitenfolge in der indirekten Rede, Zeitangaben)

§§ 82–83
S. 183–185

Wandeln Sie die folgenden Sätze in einen Dialog in direkter Rede zwischen Maxime und seinem Freund Pierre um und achten Sie dabei auf die Umwandlung der Zeiten und der Zeitbestimmungen.

Maxime a dit qu'il ne pourrait pas venir ce soir-là parce qu'il aurait encore rendez-vous avec son patron à 18 heures et qu'il ne savait pas à quelle heure il quitterait le bureau. Puis il m'a demandé ce que nous allions faire. Je lui ai répondu que nous voulions sortir pour regarder une exposition. Il voulait savoir qui avait eu l'idée de sortir ce soir-là. Je lui ai répondu que nous avions pris cette décision ensemble la veille au soir. Puis il m'a demandé s'il pourrait sortir avec moi le surlendemain.

Maxime : « Je ne pourrai pas venir … ______________________________

____

____

____

Pierre : ______________________________

Maxime : ______________________________

Pierre : ______________________________

Maxime : ______________________________

§§ 80 – 83
S. 180 – 186

6 Testez-vous. (indirekte Rede und indirekte Fragen)

Kreuzen Sie die richtige Form an.

1. J'aimerais bien savoir ce qui ☐ ce que ☐ qu'est-ce que ☐ a poussé les gens à élire cet homme Président.
2. Le maire a demandé aux députés s'ils accepteront ☐ acceptent ☐ accepteraient ☐ sa candidature au conseil régional.
3. Avant son retour en France, le président de la République a rencontré la chancelière allemande. Arrivé à l'aéroport, le Président a informé les journalistes qu'il a ☐ avait ☐ rencontré la chancelière allemande hier soir ☐ avant-hier ☐ la veille au soir ☐.
4. Le soir dans son hôtel, le journaliste a écrit ce que ☐ ce qui ☐ qu'est-ce que ☐ s'était passé là-bas ☐ ici ☐ là ☐ sur la Place du Marché.
5. Régis a dit qu'il ira ☐ va ☐ irait ☐ déjeuner avec une de ses nouvelles collègues le lendemain ☐ la veille ☐ demain ☐.
6. Martine a demandé à son mari s'il ☐ qu'il ☐ si il ☐ l'accompagnerait au concert.
7. Après le concert, Martine voulait savoir si son mari a ☐ avait ☐ aura ☐ aimé cette musique.
8. La professeure a demandé aux élèves de quelle année date ☐ datait ☐ avait daté ☐ le dernier championnat mondial de foot en France ?
9. Sarah voulait savoir si sa corres aurait ☐ avait ☐ aura ☐ envie d'aller regarder un film au cinéma avec ses copines.

Konjunktionen

Que sais-je ?

Les Multimédias

§ 85
S. 191–192

Übersetzen Sie die Konjunktion und gleichen Sie das Verb an. Achten Sie auf den Modus (Indikativ oder Subjonctif).

Serge aime les multimédias. Il lui en faut partout et toujours.

1. Il lui en faut ________ il se ________ au travail.	bevor / mettre
2. Il écoute son MP3 ________ il ________ ses devoirs.	während / faire
3. Il télécharge sans arrêt de la musique, des films et des jeux vidéo ________ ce ________ quelquefois très cher.	obwohl / être
4. Il s'est acheté un livre électronique ________ les livres traditionnels ne lui ________ plus.	weil / suffire
5. Il n'entend même pas ________ son voisin ________ lui adresser la parole.	wenn / vouloir
6. Il consulte son assistant personnel[1] même quand il est à vélo ________ il ________ que c'est dangereux.	obwohl / savoir
7. Il garde ses oreillettes[2] aussi en classe ________ le professeur lui ________ d'écouter de la musique.	bis / interdire
8. Pendant la récréation, il les remet tout de suite ________ il n' ________ à parler à personne.	damit / avoir
9. On peut se demander ________, pour lui, les appareils électroniques ________ un plaisir ou une drogue, et on peut penser ________ il ________ accro[3] au monde virtuel.	ob / être dass / être

1 un assistant personnel ein PDA – **2 les oreillettes** *f.* Ohrstöpsel – **3 accro** *fam.* süchtig

Exercices

§ 85
S. 191 – 192

1 Une mauvaise surprise (unterordnende Konjunktionen)

Verbinden Sie die Sätze, indem Sie eine der folgenden Konjunktionen verwenden.

depuis que	jusqu'à ce que	après que	sans que	pendant que
avant que	dès que	bien que	quand (2x)	parce que

Tipp!

Manche Konjunktionen ziehen den Indikativ, andere den *Subjonctif* nach sich.

1. La famille Leclerc est rentrée de vacances des Etats-Unis hier soir. Il faisait déjà nuit.
2. Leurs enfants sont mariés. Alors, le grand appartement reste vide quand les Leclerc sont en vacances.
3. Ils entrent dans l'appartement. M. Leclerc a mis la voiture au garage.
4. Mme Leclerc vidait la boîte aux lettres. Son mari l'attendait.
5. Son mari a ouvert la porte. Elle s'est rendue directement dans la cuisine.
6. Elle a tout de suite compris que quelqu'un était entré dans l'appartement pendant leur absence. Le réfrigérateur avait été utilisé entretemps.
7. Son mari a remarqué que deux bouteilles de bon vin blanc manquaient. Jusqu'à ce moment-là, il n'a pas cru sa femme.
8. Mme Leclerc a vu que la porte du balcon était ouverte. Elle a eu un choc.
9. Elle l'a refermée. Après, ils ont cherché si quelque chose d'autre avait été volé.
10. Ils étaient très tristes. Pourtant, rien d'autre n'avait été volé.
11. Le voleur avait quitté l'appartement. Mais les voisins n'ont/n'avaient remarqué rien de particulier.

Infinitivsätze

Que sais-je ?

Jean de La Bryuère (1645 – 1696), écrivain français

Excursion en montagne

§ § 86 – 89
S. 195 – 198

Verbinden Sie die folgenden Sätze jeweils durch eine Infinitivkonstruktion mit ***avant, après, pour, de crainte de, sans****.*

1. Nous sommes parti(e)s dans la montagne. Mais nous n'avions pas regardé la météo.

   ____

   ____

2. Nous sommes parti(e)s très tôt le matin. Nous aurions dû prendre des vêtements chauds avant. ________________________________

   ____

3. Nous sommes monté(e)s deux heures. Après nous avons été surpris(es) par un orage.

   ____

   ____

4. Nous nous sommes caché(e)s dans un trou. Nous avions peur d'être touché(e)s par la foudre. ________________________________

   ____

5. Nous sommes rentré(e)s à la maison tout de suite après l'orage. Nous ne voulions pas être surpris(es) à nouveau par le mauvais temps. ________________________________

   ____

Tipp!

Infinitivkonstruktionen dürfen Sie nur verwenden, wenn Haupt- und Nebensatz dasselbe Subjekt haben.

* Man muss lachen, bevor man glücklich ist, aus Angst zu sterben, ohne gelacht zu haben.

Exercices

§ 89.1
S. 197

1 Une histoire d'amour (Infinitiv als Ersatz für einen Nebensatz)

Verbinden Sie die folgenden Sätze durch eine Infinitivkonstruktion mit ***avant de, au moment de, après****.*

1. Louis a eu un rendez-vous avec Jacqueline. Avant, il avait trouvé son portrait dans un chat sur Internet. ______________________________
____
2. Il avait chatté avec Jacqueline pendant un certain temps. Puis il lui avait envoyé un courriel d'amour. ______________________________
____
3. Elle a lu le courriel. A ce moment-là, elle a éprouvé des sentiments très forts.
____
____
4. Louis a embrassé Jacqueline pour la première fois dans un petit restaurant très chic. A ce moment-là, il s'est senti très heureux. ______________________________
____
5. Ils se sont mariés. Avant, ils avaient échangé des dizaines de courriels d'amour.
____
____

§ 89.2
S. 197–198

2 Le bac, c'est dur ! (Infinitiv als Ersatz für einen Nebensatz)

Verbinden Sie die folgenden Sätze durch eine Infinitivkonstruktion mit ***pour, afin de, de crainte de, de peur de, dans le but de, à condition de****.*

1. Martine veut absolument avoir son bac. C'est pourquoi elle bûche[1] sans arrêt.
____
2. Elle travaille jour et nuit. Elle a peur de ne pas avoir la moyenne[2]. ______________________________
____
3. Elle va réussir. Mais elle va seulement réussir si elle se prépare intensément.
____
____
4. Elle se prépare avec un ancien élève très compétent. Comme ça, elle espère réussir les examens sans problème. ______________________________
____

1 bûcher *fam.* büffeln, pauken – **2 avoir la moyenne** 10 von 20 Punkten erreichen

5. Elle a peur de ne pas être reçue aux examens. Pour cela, elle renonce à partir en vacances pendant la période de révisions. ______________________________

____

6. Elle lit beaucoup de livres. Elle veut approfondir ses connaissances. ______________________________

____

Tipp!

Auch bei Infinitivsätzen mit *être* muss das Participe passé angeglichen werden.

3 La révolte des peuples arabes (Infinitiv als Ersatz für einen Nebensatz)

§ 89.3
S. 198

*Verbinden Sie die folgenden Sätze durch eine Infinitivkonstruktion mit **sans**.*

1. En 2011, plusieurs peuples arabes se sont révoltés contre leurs dirigeants. Ils n'avaient pas peur des conséquences. ______________________________

____

2. Les dictateurs se sont adressés à la population pour faire la démonstration de leur pouvoir. Mais ils n'avaient pas accepté les revendications des manifestants. ______________________________

____

3. Dans leurs discours, les dictateurs ont fait des reproches violents aux Etats-Unis. Ils n'avaient pas laissé entendre qu'ils allaient abandonner le pouvoir. ______________________________

____

4. Les manifestants ont proposé la création d'un gouvernement de transition. Ils n'ont pas réagi aux propositions des dictateurs. ______________________________

____

5. La communauté internationale a observé ces drames humains. Elle n'avait pas les moyens d'intervenir immédiatement. ______________________________

____

S. 200, Nr. 3

4 Il a failli mourir (deutsches Adverb, Infinitiv im Französischen)

*Übersetzen Sie die folgenden Sätze und berücksichtigen Sie dabei, dass Adverbien im Deutschen (**gerade, ständig, zuerst** usw.) im Französischen häufig durch Infinitivkonstruktionen ersetzt werden.*

1. Er hat **soeben** das Haus verlassen. ______________________________

____

2. Er wollte **gerade** in sein Auto einsteigen, als ein Motorrad sich mit hoher Geschwindigkeit näherte. ______________________________

____

3. Er wäre **beinahe** überfahren worden (se faire écraser). ______________________________

____

4. Er hat **unverzüglich** die Polizei benachrichtigt, aber diese hat nicht reagiert. ______________________________

____

5. Er kritisiert **ständig** die schnellen Fahrer, aber das interessiert die Polizei nicht. ______________________________

____

6. **Schließlich** hat er resigniert (se résigner). ______________________________

____

S. 200, Nr. 4

5 Le drame d'une victime (deutsch „wie", französisch „Infinitiv")

*Übersetzen Sie die folgenden Sätze mit einer Infinitivkonstruktion und achten Sie dabei auf das deutsche **„wie"**.*

1. Ich habe gehört, **wie** er geschrien hat. ______________________________

____

2. Ich habe gesehen, **wie** ein Mann davonrannte (partir en courant). ______________________________

____

3. Ich habe gehört, **wie** die Frau weinte. ______________________________

____

Der Bedingungssatz

Que sais-je ?

Avec des « si » …

§ 90
S. 201 – 203

Bilden Sie ganze Sätze, indem Sie dem Pool den zweiten Teil des Satzes entnehmen.

… nous arriverons au chalet dans l'après-midi.	… vous n'auriez pas manqué le train.	… je t'en serais très reconnaissant.
… ils auraient gagné le match.	vous n'auriez pas fait cette faute.	… on va acheter cette moto.

1. Si vous aviez fait attention, ______________________
2. Si vous êtes d'accord, ______________________
3. Si vous étiez arrivés plus tôt, ______________________
4. Si tu me prêtais ta moto, ______________________
5. Si nous partons tôt le matin, ______________________
6. S'ils avaient mieux joué, ______________________

Tipp!

Erinnern Sie sich noch? Nach *si* (wenn / falls) steht kein *Futur* und kein *Conditionnel.*

Exercices

§ 90.1
S. 201

1 Si tu gagnes le gros lot, ... (Bedingungssätze)

Mögliche oder wahrscheinliche Bedingungen: Bilden Sie „si-Sätze" nach folgendem Muster:

Vous gagnez le gros lot. Qu'est-ce que vous faites avec l'argent ?
→ Qu'est-ce que vous faites avec l'argent si vous gagnez le gros lot ?

1. Vous ne voulez plus vivre dans le pays où vous êtes né(e). Dans quel pays est-ce que vous partirez ? ______________________
____
2. Vous voulez préparer un bon repas pour votre famille. Qu'est-ce que vous allez acheter ?
____
3. Vous recevez une lettre anonyme. Comment est-ce que vous réagissez ? ______________________
____
4. Vous allez faire des études à l'étranger. – Qu'est-ce qu'il faut faire avant de partir ? ______________________
____
5. Tu n'as pas lu le nouveau livre de Richard David Precht[1] ? Alors tu ne connais pas ses idées intéressantes sur l'« égoïsme ». ______________________
____

§ 90.2
S. 202

2 Avec des « si », on mettrait Paris en bouteille[2] ! (Bedingungssätze)

Mögliche, aber unwahrscheinliche Bedingungen: Gleichen Sie die Infinitive an.

1. Si je (ne pas avoir) ______________________ Internet, je me (sentir) ______________________ isolé(e).
2. Si nous (ne pas avoir) ______________________ de voiture, nous (prendre) ______________________ les transports en commun.
3. Si mes amis (partir) ______________________ d'ici, je les (suivre) ______________________.
4. Si j' (écrire) ______________________ un livre, ce (être) ______________________ un roman historique.
5. Si mes parents (pouvoir) ______________________ émigrer, ils (partir) ______________________ en Australie.
6. Si je (gagner) ______________________ un voyage, je (partir) ______________________ au Maroc.
7. Si j' (avoir) ______________________ le temps, je (lire) ______________________ beaucoup plus.

---

1 **Richard David Precht** deutscher Philosoph und Schriftsteller (geb. 1964) – 2 **on mettrait Paris en bouteille** entspricht dem Deutschen „wenn das Wörtchen wenn nicht wäre"

3 Si tu m'avais écouté, ... (Bedingungssätze)

§ 90.2
S. 202

Bedingungen, deren Erfüllung unmöglich ist. Gleichen Sie die Infinitive an.

1. Si tu (se coucher) ________________ plus tôt hier soir, tu (être) ________________ en meilleure forme aujourd'hui.
2. Si tu me/m' (téléphoner) ________________ hier soir, je te / t' (proposer) ________________ de ne pas prendre la voiture.
3. Si vous (prendre) ________________ cette décision l'année dernière, vous (ne pas avoir) ________________ de problèmes aujourd'hui.
4. Si vous (me laisser) ________________ votre numéro de portable hier soir, je (pouvoir) ________________ vous avertir de la grève des cheminots[1] dès ce matin.
5. Si tu (demander l'accord) ________________ de tes parents plus tôt, tu (pouvoir) ________________ partir avec nous en vacances.
6. Si tu (participer) ________________ au concours de lecture, tu (gagner) ________________ peut-être ________________.

4 Si j'avais su ... (Bedingungssätze)

§ 90
S. 201 – 202

Bilden Sie „si-Sätze" und überlegen Sie jeweils, ob die Erfüllung der Bedingung als möglich, wahrscheinlich oder unmöglich angesehen wird. Für manche Sätze gibt es mehrere Lösungen.

1. Si votre mère (vivre) ________________ encore, elle (être) ________________ certainement fière de vous.
2. Si j' (avoir) ________________ assez d'argent, j' (avoir fait) ________________ le tour du monde avec toi.
3. Si tu m' (prévenir) ________________ hier soir, j' (pouvoir) ________________ t'accompagner à l'exposition.

4. Si tout le monde (respecter) ________________ la nature, nous (avoir) ________________ moins de problèmes écologiques.
5. Si elle vous (aimer) ________________ encore, elle ne vous (avoir quitté) ________________ si facilement.
6. Si tu (ranger) ________________ ta chambre tout de suite, tu (trouver) ________________ peut-être tes baskets.
7. Si tu (avoir lu) ________________ le mode d'emploi[2], le problème (être déjà) ________________ résolu.

---

1 un cheminot Eisenbahner – **2 le mode d'emploi** Gebrauchsanweisung

KAPITEL 17

Das Gerondif

Que sais-je ?

§§ 91 – 92
S. 205 – 207

Les formes du gérondif

Bilden Sie das Gérondif folgender Verben.

être	en étant	choisir	
avoir		résoudre	
faire		venir	
savoir		vaincre	
prendre		peindre	
finir		paraître	
sortir		lire	
aller		s'asseoir	
joindre		dire	
haïr		craindre	
envoyer		conduire	
écrire		boire	

Testez-vous !

Welche der folgenden Aussagen zur Bildung und zum Gebrauch des Gérondif sind richtig oder falsch? Kreuzen Sie bitte an. Es können auch mehrere Antworten korrekt sein.

	vrai	faux
1. Das Gérondif wird gebildet aus der Präposition *en*,		
– dem Stamm des Infinitivs des Verbs und der Endung *-ant*.	☐	☐
– dem Stamm der 3. Person Plural Präsens des Verbs und der Endung *-ant*.	☐	☐
– dem Stamm der 1. Person Plural Präsens des Verbs und der Endung *-ant*.	☐	☐
2. Die Verneinungselemente stehen		
– geschlossen vor der Verbform	☐	☐
– umschließen die Verbform und die Pronomen	☐	☐
– umschließen die Verbform, aber nicht die Pronomen	☐	☐
3. Das Gérondif		
– ist möglich, wenn Haupt- und Nebensatz unterschiedliche Subjekte haben	☐	☐
– ist nur möglich, wenn Haupt- und Nebensatz dasselbe Subjekt haben	☐	☐
– kann Gleichzeitigkeit ausdrücken	☐	☐
– kann eine Bedingung ausdrücken	☐	☐
– kann kausale („da“ / „weil“) Zusammenhänge ausdrücken	☐	☐
– kann die Art und Weise ausdrücken	☐	☐

Exercices

1 Comment entrer dans le monde du travail ? (Bildung des Gérondif)

§ 91
S. 205

Setzen Sie den Einleitungssatz fort, indem Sie die erläuternde Ergänzung ins Gérondif setzen.

Vous pouvez entrer dans le monde du travail …

1. (réfléchir d'abord à ce qui vous intéresse le plus) ______________________________

____
2. (chercher des informations sur Internet) ______________________________

____
3. (faire des stages) ______________________________
4. (s'inscrire à la fac) ______________________________
5. (lire les annonces dans les journaux et sur les sites Internet) ______________________________

____
6. (s'adresser à une agence pour l'emploi) ______________________________

____
7. (bien se préparer à des entretiens d'embauche[1]) ______________________________

____
8. (choisir un métier qui vous tient à cœur[2]) ______________________________

____

2 Un entretien d'embauche (Bildung und Gebrauch des Gérondif)

§§ 91 – 92
S. 205 – 207

Verbinden Sie die beiden Satzteile mit Hilfe des Gérondif.

1. Jean a eu un entretien d'embauche et a constaté que le poste l'intéressait beaucoup. ______________________________

____

____
2. Il a parlé au directeur du personnel et lui a confirmé son intérêt pour le poste. ______________________________

____
3. Il s'était préparé à l'entretien comme ça : il s'était informé sur l'activité de l'entreprise. ______________________________

____
4. Il a montré son intérêt comme ça : il a parlé de ses expériences professionnelles et de ses raisons de se présenter à ce poste.

____

____

---

1 un entretien d'embauche Einstellungsgespräch – **2 tenir à cœur** sehr am Herzen liegen

5. Il s'est longtemps entretenu avec le directeur du personnel, mais il n'a pas parlé de ses problèmes de santé. ______

6. Bien qu'il s'intéresse aussi à d'autres emplois, il serait heureux d'obtenir ce poste-là. ______

7. S'il obtenait ce poste, il pourrait louer un petit appartement avec sa copine. ______

§§ 91–92
S. 205–207

3 Une histoire d'amour ? (Auflösung des Gérondif)

Verändern Sie die Sätze so, dass Sie das Gérondif durch eine andere Konstruktion auflösen.

1. J'ai attiré l'attention de Franck en lui faisant souvent des jolis sourires. ______
2. Un jour, en me souriant gentiment, il a pris son courage à deux mains et m'a invitée au café. ______
3. Il m'a draguée en me faisant des beaux compliments. ______
4. En discutant avec lui, j'ai vite remarqué que nous avions des intérêts communs. ______
5. Dans l'atelier musique, il m'a aidée en m'expliquant comment on joue de la guitare. ______
6. L'après-midi, en faisant du sport ensemble, nous nous sommes de plus en plus rapprochés l'un de l'autre. ______
7. Maintenant, on passe souvent des soirées ensemble en écoutant de la musique ou en regardant des DVD. ______

KAPITEL 18

Participe présent und Adjectif verbal

Que sais-je ?

Le Club International des Jeunes à Paris

§§ 93–95
S. 209–212

Participe présent oder Adjectif verbal? Setzen Sie das in Klammern stehende Verb in die passende Form.

1. Le club propose de nombreuses activités (avoir) ____________________ pour but de favoriser les échanges culturels et les liens d'amitiés entre jeunes et étudiant(e)s (venir) ____________________ du monde entier.
2. Chaque mois, il y a un programme de sorties (surprendre) ____________________.
3. A côté des activités plutôt (amuser) ____________________, on propose aussi des ateliers de conversation franco-anglais, franco-espagnol et franco-allemand pour ceux (avoir) ____________________ déjà certaines connaissances.
4. L'atelier de théâtre donne souvent des résultats (étonner) ____________________ pour le public et même pour les critiques.
5. Les responsables trouvent l'évolution du club (encourager) ____________________ et essaient d'augmenter le nombre de rencontres entre Français et étrangers (ne pas trouver) ____________________ d'associations équivalentes.

Tipp!

Lesen Sie zunächst den § 95 in der Grammatik und machen Sie sich mit dem *Adjectif verbal* vertraut.

Exercices

1 Le projet d'Isabelle (Gebrauch des Participe présent)

§ 94
S. 210

Ersetzen Sie in den folgenden Sätzen das Participe présent durch einen Nebensatz mit ***comme / parce que, qui*** *oder* ***quand****.*

1. Isabelle est une étudiante faisant des études d'économie à Paris.
2. Après ses études, elle veut choisir un métier correspondant à ce qu'elle aime.
3. Ayant envie de faire un stage en Allemagne, elle écrit une lettre de motivation.
4. Aimant bien la langue allemande, elle préfère l'Allemagne à la Grande-Bretagne.
5. Elle connaît une entreprise à Hambourg faisant du commerce en ligne[1].
6. Elle va passer un week-end à Hambourg, ne sachant pas encore si la ville lui plaira.
7. Arrivant aux *Landungsbrücken*, elle sait tout de suite qu'elle aimerait faire un stage dans cette ville.

1 **le commerce en ligne** Online-Handel

1. ______
2. ______
3. ______
4. ______
5. ______
6. ______
7. ______

§ 94
S. 210–211

2 Une mauvaise nuit (Gebrauch des Participe présent)

Verkürzen Sie die Sätze mithilfe des Participe présent.

1. Bernard, qui devait faire un voyage d'affaires, voulait se rendre à l'aéroport de Francfort.
2. Sa voiture est tombée en panne et Bernard a dû attendre le service de dépannage pendant plus de deux heures.
3. Comme il s'est beaucoup attardé[1], il a raté le dernier avion à destination de Zurich.
4. La compagnie aérienne lui a proposé de le loger dans un hôtel qui coûtait 150 €.
5. Mais il s'est décidé pour le train de nuit à 2 h 05 parce qu'il ne voulait pas passer la nuit dans un hôtel.
6. L'employé qui s'occupait des wagons-lits lui a dit qu'il n'y avait plus de place dans le train.
7. Comme Bernard a fait tout le voyage debout, il était très en colère à son arrivée à Zurich.

1. ______
2. ______
3. ______
4. ______
5. ______
6. ______
7. ______

§ 95
S. 212

3 Une orthographe embêtante[2] (Verbaladjektive)

Kreuzen Sie die richtige Schreibweise an.

1. Marie est une étudiante savante ☐ sachant ☐ savant ☐ l'arabe.
2. En ce moment, elle a un travail fatigant ☐ fatigeant ☐ fatiguant ☐.
3. Elle a fait une présentation convaincante ☐ convaincant ☐ convainquant ☐.
4. Pierre est membre d'une société sachante ☐ savante ☐ sachant ☐.
5. Il tient souvent des discours fatigant ☐ fatiguants ☐ fatiguant ☐ ses collègues.
6. Ses gestes provoquant ☐ provocants ☐ provoquants ☐ énervent le public.

1 s'attarder sich verspäten – **2 embêtant,e** nervig

Das Passiv

Que sais-je ?

Le Centre Pompidou-Metz

§§ 96 – 97
S. 215 – 216

a) *Übersetzen Sie die Passivkonstruktionen ins Deutsche. Schreiben Sie die Sätze in Ihr Heft oder auf ein Blatt. Achten Sie bei der Übersetzung darauf, ob es sich um ein Zustands- oder Vorgangspassiv handelt.*

1. Le Centre Pompidou-Metz a été créé comme annexe[1] du Centre Pompidou de Paris.
2. Dans ce musée sont exposées des œuvres d'art contemporain des XXe et XXIe siècles.
3. La distinction entre exposition permanente et exposition temporaire est abolie.
4. La ville de Metz a été choisie pour sa position géographique privilégiée au cœur de l'Europe.
5. Sur 157 équipes candidates au concours, six avaient été sélectionnées par un jury.
6. Le concours d'architecture a été gagné par le Japonais Shigeru Ban et le Français Jean de Gastines.
7. L'architecture est inspirée d'un chapeau chinois.
8. Les portes du centre ont été ouvertes le 12 mai 2010.
9. Plus de 200 000 visiteurs seront accueillis chaque année.

b) *Eine Schülergruppe besucht das Centre Pompidou-Metz und wird von einem Studenten durchs Gebäude geführt. In seinem Vortrag stützt er sich auf die Informationen a) 1 – 9: Geben Sie die Informationen im Aktiv wieder:*

Exemple :
C'est comme annexe du Centre Pompidou de Paris qu'on a créé le Centre Pompidou-Metz.

2. ______________________________
3. ______________________________
4. ______________________________
5. ______________________________
6. ______________________________
7. ______________________________
8. ______________________________
9. ______________________________

1 **une annexe** Nebengebäude; *ici :* Zweigstelle, Außenstelle

Exercices

§§ 96–97
S. 214–217

1 Sommerfestival auf Schloss Seegrund (Aktiv und Passiv)

Übersetzen Sie folgende Sätze, die einem Informationsblatt entnommen sind. Orientieren Sie sich dabei an den Empfehlungen in Klammern: (o) eine Konstruktion mit „on"; (p) eine Passivkonstruktion; (r) eine reflexive Konstruktion.

1. Dieses Jahr werden mehr als 1000 Teilnehmer auf dem Schloss erwartet. (p)

   ____

2. Es wurden viele internationale Musiker eingeladen. (o)

   ____

3. An der Rezeption wird deutsch, englisch und französisch gesprochen. (o)

   ____

4. Am Mittwoch sind Schlossbesichtigungen vorgesehen. (o)

   ____

5. Die privaten Räume in der zweiten Etage werden nicht besichtigt. (r)

   ____

6. Schiffsrundfahrten auf dem See werden jeden Tag vom Fremdenverkehrsamt organisiert. (p)

   ____

7. Alle Besucher werden gebeten, auf dem gesamten Gelände nicht zu rauchen. (p)

   ____

8. Die Teilnehmer werden sofort über eine Änderung des Programms informiert. (p)

   ____

§ 97
S. 217

2 Dialogues (Passivsatz im Deutschen, Aktiv im Französischen)

*Übersetzen Sie die folgenden Sätze, indem Sie im Französischen eine Konstruktion mit **se** oder **on** verwenden. Schreiben Sie die Dialoge in Ihr Heft oder auf ein Blatt.*
Beginnen Sie mit A: Tu es très fatigué(e) ?

Mélanie Laurent

A – Bist du sehr müde? – Ja, auf der Fête wurde viel getanzt. – Das sieht man.	**D** – Wie viele Sprachen werden in der Schweiz gesprochen? – In der Schweiz werden vier Sprachen gesprochen.
B – Wie wird das Wort „rythme" geschrieben? – Es wird mit „y" geschrieben.	**E** – Wie wird diese Suppe (le Potage) gegessen? Warm oder kalt? – Sie wird kalt gegessen.
C – Sie wurden alle belogen! – Das macht man nicht!	**F** – Es wird viel über den neuen Film mit Mélanie Laurent gesprochen. – Genau. Er wurde übrigens in Lyon gedreht.

Die unregelmäßigen Verben

Infinitif		Présent	Imparfait	Futur simple	Conditionnel présent	Subjonctif présent	Passé composé
	nous						nous sommes allé(e)s
	elle			atteindra			
	je / j'		avais				
	tu					que tu connaisses	
	elle			courra			
	ils				battraient		
	nous	buvons					
	ils				conduiraient		
	vous		craigniez				
	tu			croiras			
	je / j'		disais				
	elle						elle a dû
	il					qu'il écrive	
	tu				serais		
	il					qu'il fasse	

Infinitif		Présent	Imparfait	Futur simple	Conditionnel présent	Subjonctif présent	Passé composé
lire	**je / j'**						
	ils						ils ont mis
	vous		ouvriez				
paraître	**il**						
	elle					qu'elle puisse	
	nous	plaisons					
	il					qu'il reçoive	
	elle						elle a renvoyé
résoudre	**ils**						
	je / j'				rirais		
	elle		savait				
	elle					qu'elle se taise	
	elles			viendront			
	elle						elle a vécu

TANDEMBOGEN

Kapitel 2: Artikel

Au restaurant

Arbeiten Sie zu zweit.

1. *Einigen Sie sich zuerst, wer die **Rolle A** und wer die **Rolle B** übernimmt.*
2. *Führen Sie einen Dialog, indem Sie jeweils die gelb unterlegten Sätze ins Französische übertragen.*
3. ***B** beginnt. Der Partner kontrolliert mit Hilfe der Lösungen in den eckigen Klammern.*
3. *Wechseln Sie die Seiten nach einem Durchgang.*
4. *Falten Sie den Bogen entlang der senkrechten Mittellinie.*

A	B
[Vous avez choisi ? / Qu'est-ce que vous prenez ?]	Sie nehmen die Bestellung auf.
Sie sagen, dass Sie das Menu zu 20 € nehmen möchten.	[Je prends **le** menu à 20 €.]
[Qu'est-ce que vous désirez comme entrée / hors d'œuvre ? Aujourd'hui, je vous recommande **la salade de tomates** ou **le / du melon**.]	Sie fragen, was der Gast als Vorspeise wünscht und empfehlen *(recommander)* ihm heute den Tomatensalat oder Melone.
Sie bevorzugen [die] Melone, weil Sie Früchte besonders mögen *(adorer)*.	[Je préfère **le melon** parce que j'adore **les fruits.**]
[Comme plat principal, vous avez le choix entre **les spaghettis au saumon et un bon steak au poivre.**]	Sie erklären dem Gast das Hauptgericht *(Comme plat principal,...)*: Er hat die Wahl zwischen Spaghetti mit Lachs *(le saumon)* und einem guten Pfeffersteak *(le steak au poivre)*.
Sie nehmen das Pfeffersteak.	[Je prends **le steak au poivre.**]
[Vous le voulez comment ? / Comment le voulez-vous ? Bien cuit, à point ou saignant ?]	Sie fragen, wie er / sie, es möchte; durchgebraten *(bien cuit)*, medium *(à point)* oder blutig *(saignant)*?
Sie bevorzugen es „medium" *(à point)*.	[Je préfère « à point ». / Je (le) prends « à point ».]
[Qu'est-ce que vous voulez boire ? / Et comme boisson ? **Du vin rouge** ou **du vin blanc** ?]	Sie fragen, was Ihr Gast (dazu) trinken möchte, Rotwein oder Weißwein?
Sie sagen, dass Sie keinen Alkohol trinken und bestellen ein Glas Fruchtsaft und eine Karaffe *(une carafe)* Wasser.	[Moi, je ne bois pas **d'alcool**. **Un verre de jus de fruits** et une **carafe d'eau**, s'il vous plaît.]
[Comme dessert, on a **des fruits, de la glace** ou **une tarte aux pommes**.]	Nach dem Hauptgericht weisen Sie den Gast auf das Dessert hin. Sie bieten ihm Obst, Eis oder einen Apfelkuchen an. *(Comme dessert, on...)*
Sie nehmen die Apfeltorte und möchten nach dem Dessert einen Kaffee.	[Je prends **la tarte aux pommes** et (je **voudrais**) **un café** après **le dessert**, s'il vous plaît.]
[Vous payez comment ? En liquide ou par carte ? / Vous payez en liquide ou par carte ?]	Sie fragen, ob der Gast bar *(en liquide)* oder mit Karte zahlt.

TANDEMBOGEN

Kapitel 4: Das Adjektiv

Dans une boutique

Arbeiten Sie zu zweit.

1. *Einigen Sie sich zuerst, wer die* ***Rolle A*** *und wer die* ***Rolle B*** *übernimmt.*
2. *Führen Sie einen Dialog, indem Sie jeweils die gelb unterlegten Sätze ins Französische übertragen.*
3. ***B*** *beginnt. Der Partner kontrolliert mit Hilfe der Lösungen in den eckigen Klammern.*
4. *Wechseln Sie die Rollen nach einem Durchgang.*
5. *Falten Sie den Bogen entlang der Mittellinie.*

A	B
[J'en ai assez / marre de mes **vieilles** fringues. Mon **vieux** pantalon est **moche / laid**.]	Sie haben genug von ihren alten Klamotten *(les fringues f)*. Ihre alte Hose ist hässlich *(moche / laid)*.
Sie schlagen vor, sich die neue Kollektion anzusehen und sind sicher, dass Ihr Kunde / Ihre Kundin eine sehr schicke Hose finden wird.	[Regardez (donc) la **nouvelle** collection. Je suis **sûr(e)** que vous trouverez un pantalon très **chic**.]
[Je ne sais pas si la **nouvelle** mode me va bien. Les couleurs (de) cette année sont assez **sombres**.]	Sie wissen nicht, ob Ihnen die neue Mode steht. Die Farben dieses Jahres sind ziemlich dunkel *(sombre)*.
Sie sagen, dass es auch helle Farben gibt. Sie zeigen Ihrem Kunden / Ihrer Kundin eine weiße Jeans und bieten ihr / ihm an, sie anzuprobieren *(essayer)*.	[Mais il y a aussi des couleurs **claires**. Regardez ce jean **blanc**. Vous pouvez l'essayer (dans la cabine).]
[Je ne sais pas si c'est la **bonne** taille].	Sie wissen nicht, ob sie (die Hose) wirklich die richtige Größe hat.
Sie sagen, dass die Größe richtig ist und ihm / ihr die Hose super gut steht. Sie haben in ihrer Kollektion auch eine hübsche Jacke, die gut zur Jeans passt *(aller)*. Sie fragen, ob er / sie nicht anprobieren will.	[Oui, c'est la **bonne** taille. Le pantalon / Le jean vous va super bien. Dans ma collection, j'ai aussi une **jolie** veste qui va bien avec le jean. Vous ne voulez pas l'essayer ?]
[D'accord. Mais elle est trop **large / grande**. Et je n'aime le vert. Je voudrais / J'aimerais essayer un autre modèle d'une couleur plus **claire**.]	Sie sind einverstanden. Doch Sie stellen fest, dass sie zu weit / groß ist und Sie Grün nicht mögen. Sie möchten ein anderes Modell mit *(de)* einer helleren Farbe anprobieren *(essayer)*.
Sie sagen, dass Sie noch ein schönes hellgraues *(gris clair)* und elegantes Modell haben.	[J'ai encore un **beau** modèle (en) **gris clair** et (aussi) **élégant**.]
[Elle (la veste) coûte combien (le modèle) ?]	Sie fragen, wieviel sie kostet.
Sie sagen, dass sie die schönste Jacke der Kollektion ist und 350 € kostet.	[Elle est / C'est la plus **belle** veste de la collection et elle coûte / fait 350 €.]
[Je regrette, mais c'est trop cher pour moi. J'attendrai les soldes pour trouver des **belles** choses à des prix plus **raisonnables**.]	Es tut ihnen leid, aber das ist zu teuer für Sie. Sie warten den Schlussverkauf *(les soldes)* ab, um schöne Sachen zu vernünftigeren Preisen zu finden.

TANDEMBOGEN

Kapitel 6: Zeiten (Vergangenheit)

Qu'est-ce qui s'est passé ?

Arbeiten Sie zu zweit.

1. *Einigen Sie sich zuerst, wer die **Rolle A** und wer die **Rolle B** übernimmt.*
2. *Führen Sie einen Dialog, indem Sie jeweils die gelb unterlegten Sätze ins Französische übertragen.*
3. ***B** beginnt. Der Partner kontrolliert mit Hilfe der Lösungen in den eckigen Klammern.*
3. *Wechseln Sie die Seiten nach einem Durchgang.*
4. *Falten Sie den Bogen entlang der senkrechten Mittellinie.*

A	B
[Est-ce que ton voyage à Paris **s'est bien passé** ?]	Sie fragen Ihren Freund / Ihre Freundin, ob seine Reise nach Paris gut verlaufen ist *(se passer)*.
Sie verneinen die Frage. Der Zug war verspätet und als Sie in Paris ankamen, regnete es.	[Non, le train **était** en retard et quand **je suis arrivé(e)** à Paris, **il pleuvait**.]
[Comment **s'est passé / déroulé** l'entretien d'embauche ? **Tu as eu / avais** assez de temps pour expliquer tes idées ?]	Sie wollen wissen, wie das Einstellungsgespräch *(l'entretien d'embauche)* verlaufen ist. Sie fragen, ob er / sie genug Zeit hatte, seine / ihre Ideen zu erläutern.
Sie sagen, dass Sie nicht wissen, ob Ihre Vorstellung den Chef überzeugt hat. Als Sie sein Büro betreten haben, waren Sie ein bisschen aufgeregt *(excité)*. Außerdem hatten Sie in der Nacht davor sehr schlecht geschlafen.	[Je ne sais pas si ma présentation **a convaincu** le chef. Quand **je suis entré(e)** dans son bureau, **j'étais** un peu **excité(e)**. En plus, **j'ai / j'avais** très mal **dormi** la nuit (d')avant.]
[Tu crois que **tu as réussi** quand même ?]	Sie fragen, ob Ihr Freund / Ihre Freundin glaubt, dass er / sie es trotzdem geschafft hat.
Sie sagen, dass Sie keine Ahnung haben, aber die Stimmung war gut. Der Chef, der sehr nett war, hat Ihnen viele Fragen gestellt.	[Je n'ai aucune idée mais l'ambiance **était** bonne. Le chef, qui **était** très sympathique, **m'a posé** beaucoup de questions.]
[Quand est-ce que tu auras le résultat ?]	Sie fragen, wann Ihr Freund / Ihre Freundin das Ergebnis erfahren / haben wird.
Man hat Ihnen versprochen, Sie in einer Woche zu kontaktieren.	[**On m'a promis** de me contacter dans une semaine.]
[Et toi, qu'est-ce que **tu as fait** entre-temps ?]	Nun wollen Sie wissen, was Ihr Freund / Ihre Freundin inzwischen gemacht hat.
Sie sagen, dass während Sie Ihr Zimmer aufräumten, ihr Bruder angerufen hat. Er war total begeistert *(emballé)*, weil die französische Rugbymannschaft gegen die Engländer gewonnen hatte.	[Pendant que **je rangeais** ma chambre, mon frère **a téléphoné. Il était emballé** parce que l'équipe française de rugby **avait gagné** (le match) contre les Anglais.]
[**J'ai regardé** le match à la télé. Je trouve que la meilleure équipe **a gagné**. / que c'est la meilleure équipe qui **a gagné**.]	Sie sagen, dass Sie das Spiel im Fernsehen gesehen haben und finden, dass die bessere Mannschaft gewonnen hat.

Kapitel 6: Indikativ und Subjonctif

Voter à 16 ans ?

Arbeiten Sie zu zweit.

1. *Einigen Sie sich zuerst, wer die* **Rolle A** *und wer die* **Rolle B** *übernimmt.*
2. *Führen Sie einen Dialog, indem Sie jeweils die gelb unterlegten Sätze ins Französische übertragen.*
3. ***B** beginnt. Der Partner kontrolliert mit Hilfe der Lösungen in den eckigen Klammern.*
3. *Wechseln Sie die Seiten nach einem Durchgang.*
4. *Falten Sie den Bogen entlang der senkrechten Mittellinie.*

A	B
[Il est grand temps que les jeunes **puissent** voter à / à partir de / dès (l'âge de) 16 ans.	Sie meinen, dass es höchste Zeit ist, dass die Jugendlichen schon mit 16 wählen können.
Sie bezweifeln, dass dies eine gute Idee ist. Sie kennen wenige Jugendliche, die fähig *(apte à)* sind mit 16 Jahren zu wählen.	[Je doute que cela **soit** une bonne idée. Je connais peu de jeunes qui **soient** aptes à voter à 16 ans.]
[Je suis surpris(e) que tu **dises** cela. A 16 ans, les jeunes ont déjà beaucoup de devoirs d'adulte. Je souhaiterais qu'ils **aient** aussi le droit de vote.]	Sie sind überrascht, dass er / sie das sagt. Mit 16 Jahren haben die Jugendlichen schon viele Erwachsenenpflichten *(les devoirs d'adulte)*. Sie wünschten sich, dass sie auch das Wahlrecht hätten.
Sie befürchten, dass die meisten Minderjährigen *(les mineurs)* sich zu leicht von ihren Eltern beeinflussen lassen *(être influencé par…)*.	[Je crains que la plupart des mineurs **soient** trop facilement influencés par leurs parents.]
[Il est vrai qu'à cet âge, on est encore influencé par ses parents.]	Es ist wahr, dass man in diesem Alter noch von seinen Eltern beeinflusst wird.
Obwohl man in einigen anderen Ländern das Wahlrecht auf 16 Jahre abgesenkt *(baisser)* hat, denken Sie nicht, dass das eine gute Idee ist.	[Bien que dans quelques d'autres pays, on **ait** déjà baissé le droit de vote à 16 ans, je ne pense pas que **c'est / ce soit** une bonne idée.]
Il faut que / Il faudrait / Il est nécessaire que les jeunes **soient pris / se sentent pris** au sérieux. C'est pour cela qu'il / C'est pourquoi il est important que les jeunes **puissent** voter à / à partir de / dès (l'âge de) 16 ans.]	Es ist notwendig, dass die Jugendlichen sich ernst genommen fühlen. Daher finden Sie es wichtig, dass die Jugendlichen mit 16 wählen dürfen.

Kapitel 7: Die Verneinung

Un anniversaire raté

Üben Sie zu zweit.
1. Entscheiden Sie zunächst, wer mit der ***A-Seite*** *und wer mit der* ***B-Seite*** *übt.*
2. Führen Sie einen Dialog. ***A*** *beginnt und stellt die Frage.* ***B*** *antwortet immer verneint.*
3. ***A*** *kontrolliert die Antworten mit Hilfe der Lösungen in eckigen Klammern.*
4. Wechseln Sie die Rollen nach einem Durchgang.
5. Falten Sie den Bogen entlang der Mittellinie.

A	B
Alors Jérôme, tu as fêté ton anniversaire ? **[Non, je ne l'ai pas fêté.]**	Non, je…
Pourquoi pas ? Est-ce que tes copains ont téléphoné, au moins ? **[Non, personne n'a téléphoné.]**	Non,… (niemand)
Est-ce que tes copains t'ont envoyé des mails ou écrit des SMS ? **[Non, aucun / pas un seul ne m'a écrit.]**	Non,… (nicht ein einziger)
Mais ta famille t'a certainement offert des cadeaux, non ? **[Non, ni mes parents ni mon frère ne m'ont offert quelque chose.]**	Non,… (Weder meine Eltern noch mein Bruder haben mir etwas geschenkt.)
Alors, dis-moi : qu'est-ce qui te plairait comme cadeau ? **[Je n'ai aucun souhait particulier. / Je n'ai pas de souhait particulier.]**	Je ne sais pas. (Ich habe keinen besonderen Wunsch = un souhait particulier.)
Mais tu vas organiser une fête quand même, non ? **[Non, je ne vais rien organiser.]**	Non,… (nichts)
Mais tu es allé dans un bar avec tes copains hier soir ? **[Non, je ne suis allé nulle part.]**	Non,… (Ich bin nirgendwo hingegangen.)
Tu n'aimes pas sortir avec eux ? **[Non, je n'aime pas du tout ça.]**	Non,… (Ich mag das überhaupt nicht.)
Mais tu peux toujours inviter quelqu'un pour ce soir. **[Non, je ne vais plus jamais inviter personne. / Non, je n'inviterai plus jamais personne.]**	Non,… (Ich werde niemals mehr jemanden einladen.)
Tu vas peut-être changer d'avis un jour. **[Non, je ne vais jamais changer d'avis.]**	Non,… (niemals)

Kapitel 8: Das Adverb

Opération délicate

Üben Sie zu zweit.

1. *Entscheiden Sie zunächst, wer mit der **A-Seite** und wer mit der **B-Seite** übt.*
2. *Führen Sie einen Dialog. **A** beginnt und stellt die Frage. **B** antwortet mit Hilfe der Vorgaben. Achten Sie auf die Form und die Stellung des Adverbs.*
3. ***A** kontrolliert Sie mit Hilfe der Lösungen in eckigen Klammern.*
4. *Dann stellt **B** eine Frage und **A** antwortet.*
5. *Wechseln Sie die Rollen nach einem Durchgang.*
6. *Falten Sie den Bogen entlang der Mittellinie.*

Marie a été transportée d'urgence à l'hôpital. Elle a eu une crise cardiaque et a dû être opérée tout de suite.

A	B
Est-ce que l'opération a bien marché ? [Oui, les médecins ont **bien** fait leur travail, me semble-t-il.]	(Oui, les médecins – avoir fait leur travail – bon – me semble-t-il)
(Elle – être – très déçue – que – l'opération – se dérouler – mauvais)	Et Marie ? Comment est-ce qu'elle a réagi ? [Elle est très déçue que l'opération se soit **mal** déroulée.]
Comment ça se fait que vous soyez déjà ici ? [J'ai **spontanément** décidé de venir ici. / J'ai décidé **spontanément** de venir ici.]	(je – décider – spontané – venir – ici)
(Nous – être – complet – déprimés)	Comment est-ce que vous trouvez la situation ? [Nous sommes **complètement** déprimés.]
Et comment est-ce que les parents ont réagi ? [Ils sont / étaient **profondément** touchés par ce qu'ils ont appris.]	(Ils – être touché – profond – par ce qu'ils ont appris)
(nous – ne… pas – aller rentrer à la maison – probable – tout de suite)	Qu'est-ce que vous pensez faire maintenant ? [Nous n'allons **probablement** pas rentrer à la maison tout de suite.]
Et Marie ? Qu'est-ce qu'elle va devenir ? [Je ne sais pas. Elle est quand même **gravement** malade.]	(Je ne sais pas. Elle – être – quand même – grave – malade)
(Elle – devoir – rester – encore – certain – deux semaines à l'hôpital)	A-t-elle une chance de quitter bientôt l'hôpital ? [Elle doit / devra **certainement** rester encore deux semaines à l'hôpital.]

TANDEMBOGEN

Kapitel 10: Die Pronomen (1)

(Direkte und indirekte Objektpronomen, Adverbialpronomen *y* und *en*)

Au bureau

Üben Sie zu zweit.

1. *Entscheiden Sie zunächst, wer mit der **A-Seite** und wer mit der **B-Seite** übt.*
2. *Führen Sie einen Dialog. **A** beginnt und stellt die Frage. **B** antwortet und achtet dabei auf die Stellung der Pronomen.*
3. ***A** kontrolliert Sie mit Hilfe der Lösungen in eckigen Klammern.*
4. *Wechseln Sie die Rollen nach einem Durchgang.*
5. *Falten Sie den Bogen entlang der Mittellinie.*

M. Gérard est un patron bien occupé. Heureusement, il a sa secrétaire, Mme Leclerc, qui organise tout pour lui.

A	B
Mme Leclerc, vous avez fait des copies de ces documents ? [Oui, je viens d'**en** faire.]	Oui, je viens…
Est-ce que vous les avez mises sur mon bureau ? [Non, mais je vais **les y** mettre.]	Non, mais je vais…
Est-ce que vous avez téléphoné à Mme Durochel de l'entreprise Lavalière ? [Oui, je **lui** ai téléphoné ce matin.]	Oui,… ce matin.
Est-ce qu'elle va bientôt vous envoyer les nouveaux dossiers ? [Oui, elle a promis de **me les** envoyer dès aujourd'hui.]	Oui, elle a promis de… dès aujourd'hui.
Est-ce que vous avez commandé l'imprimante dont nous avons parlé ? [Non, je ne **l'**ai pas encore commandée.]	Non, je… (pas… encore) …
Est-ce que vous avez organisé le rendez-vous avec M. Lambert au restaurant « Satellite » ? [Oui, je **l'**ai organisé.]	Oui, je…
Est-ce qu'il y a d'autres rendez-vous prévus pour aujourd'hui ? [Non, il n'**y en** a plus.]	Non, (ne…plus)…
Est-ce que vous avez acheté les roses pour ma femme ? [Bien sûr, je **les** ai achetées cet après-midi.]	Bien sûr,… cet après-midi.

TANDEMBOGEN

Kapitel 10: Die Pronomen (2)

(Direkte und indirekte Objektpronomen, Adverbialpronomen *y* und *en*)

Petits services

Üben Sie zu zweit.

1. *Entscheiden Sie zunächst, wer mit der **A-Seite** und wer mit der **B-Seite** übt.*
2. *Führen Sie einen Dialog. **A** beginnt. **B** antwortet und achtet dabei auf die Stellung der Pronomen.*
3. *A kontrolliert die Antworten mit Hilfe der Lösungen in eckigen Klammern.*
4. *Wechseln Sie die Rollen nach einem Durchgang.*
5. *Falten Sie den Bogen entlang der Mittellinie.*

A	B
Papa, tu peux me donner de l'argent ? C'est la dernière fois ! C'est promis ! [Encore ? Mais je **t'en** ai donné déjà plusieurs fois.]	Encore ? Mais je ______ ______ ai déjà donné plusieurs fois !
Oui, je sais, mais j'ai besoin d'un nouvel ordinateur. Il me faut plus d'argent. [Tu **m'en** demandes toujours. Je ne peux pas **t'en** donner davantage.]	Tu ______ ______ demandes toujours. Je ne peux pas ______ ______ donner davantage.
Tu ne peux pas augmenter la somme que tu me donnes chaque mois ? [Non, je ne vais pas **l'** augmenter. Tu reçois déjà assez d'argent chaque mois.]	Non, je ne vais pas ______ augmenter. Tu reçois déjà assez d'argent chaque mois.
Mais comment veux-tu que je paie mon nouvel ordinateur ? [Voilà ce que je **te** propose : soit tu achètes un ordinateur d'occasion, soit tu cherches un petit boulot pour améliorer ton budget.]	Voilà ce que je ______ propose : soit tu achètes un ordinateur d'occasion, soit tu cherches un petit boulot pour améliorer ton budget.
Mais tu as reçu une grosse somme de mamie pour moi, 1000 euros. [C'est vrai, mais je ne vais pas **te la / les** donner maintenant. Je veux que tu apprennes à faire des économies.]	C'est vrai, mais je ne vais pas ______ ______ donner maintenant. Je veux que tu apprennes à faire des économies.
S'il te plaît, papa, aide-moi une dernière fois. J'ai besoin de 500 euros. [Ecoute, c'est ma dernière proposition. Je **t'en** paie la moitié, c'est-à-dire 250 euros. Le reste, tu peux **le** gagner en **m'**aidant à ranger la cave. Et après, va demander au bistrot du coin. J'espère que tu **y** trouveras un petit boulot.]	Ecoute, c'est ma dernière proposition. Je ______ ______ paie la moitié, c'est-à-dire 250 euros. Le reste, tu peux ______ gagner en ______ aidant à ranger la cave. Et après, va demander au bistrot du coin. J'espère que tu ______ trouveras un petit boulot.

TANDEMBOGEN

Kapitel 10 Die Pronomen (3)

(Direkte und indirekte Objektpronomen, Adverbialpronomen *y* und *en*)

Faire un exposé

Üben Sie zu zweit.

1. *Entscheiden Sie zunächst, wer mit der **A-Seite** und wer mit der **B-Seite** übt.*
2. *Führen Sie einen Dialog. **A** beginnt. **B** kontrolliert mit Hilfe der Lösung in eckigen Klammern.*
3. *Dann setzt **B** fort. **A** kontrolliert usw.*
4. *Wechseln Sie die Rollen nach einem Durchgang.*
5. *Falten Sie den Bogen entlang der Mittellinie.*

Jérôme doit faire un exposé sur l'Allemagne, mais il a des problèmes à trouver des documents et demande à son père de l'aider.

A	B
Je n'arrive pas à faire mon exposé. Est-ce que tu peux ______ aider à ______ faire ?	[Je n'arrive pas à faire mon exposé. Est-ce que tu peux **m**'aider à **le** faire ?]
[Non, il faut que tu **le** fasses toi-même. Je t'**en** ai déjà parlé hier. Il faut que tu te sentes responsable de tes affaires.]	Non, il faut que tu ______ fasses toi-même. Je t'______ ai déjà parlé hier. Il faut que tu te sentes responsable de tes affaires.
D'accord, mais il ______ faut les documents dont la prof a parlé et je ne sais pas où ______ trouver. Toi, tu peux sûrement ______ aider à ______ trouver.	[D'accord, mais il **me** faut les documents dont la prof a parlé et je ne sais pas où **les** trouver. Toi, tu peux sûrement **m**'aider à **les** trouver.]
[Je veux bien **t**'aider. Mais tu devrais d'abord essayer de **les** trouver tout seul.]	Je veux bien ______ aider. Mais tu devrais d'abord essayer de ______ trouver tout seul.
Mais comment veux-tu que je ______ trouve ? Je n'ai aucune idée comment faire.	[Mais comment veux-tu que je **les** trouve ? Je n'ai aucune idée comment faire.]
[Tu **en** trouveras sûrement sur Internet, mais tu **en** trouveras aussi à la bibliothèque municipale. Si tu **y** vas, tu vas trouver tout ce qu'il **te** faut.]	Tu ______ trouveras sûrement sur Internet, mais tu ______ trouveras aussi à la bibliothèque municipale. Si tu ______ vas, tu vas trouver tout ce qu'il ______ faut.
Oui, Internet, c'est possible. Mais je ne comprends pas bien les sites allemands et en plus, je ne sais pas comment on ______ trouve des informations précises. Et quand j'______ aurai trouvé, est-ce que je pourrai ______ utiliser librement pour mon exposé ?	[Oui, Internet, c'est possible. Mais je ne comprends pas bien les sites allemands et en plus, je ne sais pas comment on **y** trouve des informations précises. Et quand j'**en** aurai trouvé, est-ce que je pourrai **les** utiliser librement pour mon exposé ?]
[En ce qui concerne Internet, je vais **t**'aider à **y** trouver ce dont tu as besoin, mais quand tu reprends des informations ou des idées, tu dois bien sûr **les** indiquer dans ton exposé.]	En ce qui concerne Internet, je vais ______ aider à ______ trouver ce dont tu as besoin, mais quand tu reprends des informations ou des idées, tu dois bien sûr ______ indiquer dans ton exposé.

Kapitel 11: Das Verb und seine Ergänzungen

Jobs d'été

Arbeiten Sie zu zweit.
1. *Einigen Sie sich zuerst, wer die* ***Rolle A*** *und wer die* ***Rolle B*** *übernimmt.*
2. *Führen Sie einen Dialog, indem Sie jeweils die gelb unterlegten Sätze ins Französische übertragen.*
3. ***B*** *beginnt. Der Partner kontrolliert mit Hilfe der Lösungen in den eckigen Klammern.*
3. *Wechseln Sie die Seiten nach einem Durchgang.*
4. *Falten Sie den Bogen entlang der senkrechten Mittellinie.*

A	B
[Pendant les vacances, je **voudrais travailler** pour me payer un nouveau portable. Tu as une idée / Tu sais **à qui je pourrais m'adresser** ?]	Sie sagen, dass Sie während der Ferien arbeiten möchten, um sich ein neues Handy zu leisten *(se payer)* und fragen, ob Ihr Freund / Ihre Freundin eine Idee hat, an wen er / sie sich wenden könnte.
Sie schlagen Ihrem Freund / Ihrer Freundin vor, im Supermarkt zu fragen, dort haben Sie in der Vergangenheit immer Ferienjobs gehabt.	[**Je te propose de demander / Demande au supermarché** ; dans le passé, ils ont toujours eu des jobs de vacances.]
[**Je ne veux pas passer mon temps à remplir** les rayons.]	Sie sagen, dass Sie Ihre Zeit nicht damit verbringen möchten, Regale einzuräumen. *(remplir les rayons)*.
Ihr Nachbar, der eine Buchhandlung hat, sucht jemanden, um eine kranke Angestellte zu vertreten *(remplacer)*. Sie hätten schon daran gedacht, ihrem Nachbarn zu helfen, aber sie haben (dazu) keine Zeit. Sie könnten für ihn / sie nachfragen, wenn er / sie einverstanden ist.	[Mon voisin, qui a une librairie, cherche quelqu'un pour remplacer une employée qui est tombée malade. **J'ai déjà pensé à aider mon voisin**, mais je n'ai pas le temps. **Je pourrais lui demander** pour toi si tu es d'accord ?]
[**Je crains de ne pas pouvoir / pense ne pas pouvoir conseiller** des clients qui cherchent un livre précis. **Je manque d'expérience.** / C'est **l'expérience** qui **me manque.**]	Sie fürchten / denken, Kunden, die ein bestimmtes *(précis)* Buch suchen, nicht beraten *(conseiller)* zu können. Ihnen fehle die Erfahrung dazu.
Sie bedauern es, ihm / ihr nicht helfen zu können. Es sei aber wichtig, sich bald zu entscheiden, was er / sie machen will. Wenn nicht, dann gelänge es ihm / ihr in diesem Jahr nicht mehr, einen Job zu bekommen.	[**Je regrette de ne pas pouvoir t'aider**. Mais **il est important de décider** bientôt ce que tu veux faire. Sinon, **tu n'arriveras / ne réussiras plus à trouver** un job / emploi cette année.
[**Je te remercie de ton aide / ta compréhension.**]	Sie bedanken sich bei Ihrem Freund / Ihrer Freundin für dessen / deren Hilfe / Verständnis.

Kapitel 12: Fragesätze

Que de questions !

Üben Sie zu zweit.

1. *Entscheiden Sie zunächst, wer mit der **A-Seite** und wer mit der **B-Seite** übt.*
2. *Führen Sie einen Dialog. **A** beginnt und stellt die Frage. Bei diesem Bogen sind oft mehrere Fragesatztypen möglich.*
3. ***B** kontrolliert mit Hilfe der Lösungen in eckigen Klammern und weist auf Alternativen hin.*
4. *Dann stellt **B** eine Frage und **A** kontrolliert.*
5. *Wechseln Sie die Rollen nach einem Durchgang.*
6. *Falten Sie den Bogen entlang der Mittellinie.*

A	B
Frage deine(n) Partne(r)in, was er / sie heute gemacht hat.	**[Qu'est-ce que tu as fait aujourd'hui ? / Tu as fait quoi aujourd'hui ? / Qu'as-tu fait aujourd'hui ?]**
[Qui (est-ce qui) a la meilleure note de la classe en français ?]	Frage deine(n) Partne(r)in, wer in der Klasse die beste Note in Französisch hat.
Frage deine(n) Partne(r)in, über was er / sie mit Martine gesprochen hat.	**[De quoi est-ce que tu as discuté avec Martine ? / De quoi as-tu discuté avec Martine ? / Tu as parlé de quoi avec Martine ?]**
[Qu'est-ce qui s'est passé ?]	Frage deine(n) Partne(r)in, was passiert ist.
Frage deine(n) Partne(r)in, mit wem er / sie in Ferien fährt.	**[Avec qui est-ce que tu pars ? / … pars-tu en vacances ? / Tu pars en vacances avec qui ?]**
[Qui est-ce que tu as rencontré en ville ? / Qui as-tu rencontré en ville ? / Tu as rencontré qui en ville ?]	Frage deine(n) Partne(r)in, wen sie / er in der Stadt getroffen hat.
Frage deine(n) Partne(r)in, welche Entscheidung sie / er getroffen (prendre) hat.	**[Quelle décision est-ce que tu as prise / as-tu prise ? / Tu as pris quelle décision ?]**
[Qui est la nouvelle élève ? / La nouvelle élève, qui est-ce ? / … c'est qui ?]	Frage deine(n) Partne(r)in, wer die neue Schülerin ist.
Frage deine(n) Partne(r)in, mit was er sein Verhalten (le comportement) rechtfertigt (justifier).	**(Comment est-ce que tu justifies ton comportement ? / Comment justifies-tu ton comportement ? / Tu justifies ton comportement comment ?]**

Kapitel 13: Indirekte Rede / Indirekte Frage

Accepter ou pas

Üben Sie zu zweit.

1. *Entscheiden Sie zunächst, wer mit der **A-Seite** und wer mit der **B-Seite** übt.*
2. *Im ersten Teil beginnt **A** und stellt **B** Fragen zu einem Gespräch, das dieser mit einer anderen Person geführt hat. **B** beantwortet die Fragen, indem sie/er die wörtliche Rede in Klammern in indirekte Rede umwandelt.*
3. ***A** kontrolliert Sie mit Hilfe der Lösungen in eckigen Klammern.*
4. *Im zweiten Teil stellt **B** die Fragen und **A** übernimmt die Rolle des „Sprachmittlers" (s. 2.).*
5. *Wechseln Sie die Rollen nach einem Durchgang.*
6. *Falten Sie den Bogen entlang der Mittellinie.*

A	B
Premier entretien : M. Leduc cherche un nouveau poste.	
Qu'est-ce que M. Leduc a dit ? [Il a dit qu'il n'**accepterait** pas ce poste.]	(M. Leduc : « Je n'accepterai pas ce poste. ») **Il a dit…**
Qu'est-ce que tu lui as répondu ? [Je lui ai répondu que c'**était** une faute de ne pas l'accepter.]	(« C'est une faute de ne pas l'accepter. ») **Je lui ai répondu…**
Et pourquoi a-t-il refusé le poste ? [Il a confirmé qu'il n'**aurait** jamais **accepté** de travailler à ces conditions-là.]	(M. Leduc : « Je n'aurais jamais accepté de travailler à ces conditions-là. ») **Il a confirmé…**
Est-ce qu'il a un autre poste en vue ? [Il a dit qu'il **avait** déjà **eu** un autre entretien d'embauche la veille.]	(M. Leduc : « J'ai déjà eu un autre entretien d'embauche hier. ») **Il a dit…**
Deuxième entretien : Mme Leclerc veut une augmentation de son salaire.	
(Mme Leclerc : « J'ai parlé à mon chef. On a discuté de mon salaire. ») **Elle a dit…**	Qu'est-ce que Mme Leclerc a dit ? [Elle a dit qu'elle **avait parlé** à son chef et qu'ils **avaient discuté** de son salaire.]
(Mme Leclerc : « Je voudrais une augmentation de 9 % (pour cent) ». **Elle a précisé…**	Et qu'est-ce qu'elle lui a demandé ? [Elle a précisé qu'elle **voudrait** une augmentation de 9 % (pour cent)].
(Le chef : « C'est impossible. Je ne peux pas augmenter votre salaire de 9 %. Je vous propose 3 %. » **Il a répondu…**	Est-ce qu'il a accepté ? [Il a répondu que c'**était** impossible, qu'il ne **pouvait** pas augmenter son salaire de 9 % et qu'il lui **proposait** 3 %.]
(Mme Leclerc : « Depuis 5 ans, je n'ai pas eu d'augmentation. 3 %, c'est inacceptable. ») **Elle a répondu…**	Comment est-ce qu'elle a réagi ? [Elle a répondu que depuis 5 ans, elle n'**avait** pas **eu** d'augmentation et que 3 %, c'**était** inacceptable.]
(Le chef : « Je ne peux pas vous proposer plus. Il vous faut accepter ou partir. » **Il a répondu…**	Et qu'est-ce que son chef a répondu ? [Il a répondu qu'il ne **pouvait** pas lui proposer plus et qu'il lui **fallait** accepter ou partir.]

Kapitel 15: Infinitivsätze

Eviter des bouchons

Üben Sie zu zweit.

1. *Entscheiden Sie zunächst, wer mit der **A-Seite** und wer mit der **B-Seite** übt.*
2. *Führen Sie einen Dialog. **A** beginnt und stellt die Fragen. **B** antwortet. Dabei verbindet sie/er die beiden Sätze mit Hilfe einer Infinitivkonstruktion.*
3. ***A** kontrolliert mit Hilfe der Lösungen in eckigen Klammern.*
4. *Nach drei Items stellt **B** eine Frage und **A** antwortet.*
5. *Wechseln Sie die Rollen nach einem Durchgang.*
6. *Falten Sie den Bogen entlang der Mittellinie.*

A	B
Est-ce que vous êtes partis visiter Paris spontanément ? [Oui, nous sommes partis hier **sans** nous informer / **sans** nous être informés sur la circulation routière.]	Oui, nous sommes partis hier. Mais nous ne nous sommes pas informés sur la circulation routière.
Quand est-ce que vous êtes partis ? [Nous sommes partis très tôt ce matin **pour / afin de / dans le but de** ne pas tomber dans des bouchons.]	Nous sommes partis très tôt ce matin. Nous ne voulions pas tomber dans des bouchons.
Et vous n'avez pas eu de problèmes sur la route ? [**Au moment d'**arriver sur l'autoroute à 5 heures et demie du matin, nous avons entendu à la radio qu'il y avait un bouchon à 20 kilomètres.]	Nous sommes arrivés sur l'autoroute à 5 heures et demie du matin. Au même moment, nous avons entendu à la radio qu'il y avait un bouchon à 20 kilomètres.
Cette année, nous sommes partis en train. Nous avions peur de passer des heures dans les bouchons.	Comment s'est passé votre voyage ? [**De crainte / De peur** de passer des heures dans les bouchons, nous sommes partis en train cette année. / Cette année, nous sommes partis en train **pour / afin de / dans le but de** ne pas passer des heures dans les bouchons.]
Non, nous sommes partis tranquillement. Nous avions acheté nos billets avant.	Et il n'y avait pas trop de monde devant les distributeurs ? [Non, nous avions acheté nos billets **avant de** partir.]
Nous sommes allés à la réception de notre hôtel. Puis nous nous sommes baladés sur la Promenade des Anglais.	Et qu'est-ce que vous avez fait après votre arrivée à Nice ? [**Après** être allés à la réception de notre hôtel, nous nous sommes baladés sur la Promenade des Anglais. / **Avant de** nous balader sur la Promenade des Anglais, nous sommes allés à la réception de l'hôtel.]

TANDEMBOGEN

Kapitel 16: *Si*-Sätze

Si j'avais su...

Üben Sie zu zweit.

1. *Entscheiden Sie zunächst, wer mit der **A-Seite** und wer mit der **B-Seite** übt.*
2. *Führen Sie einen Dialog. **A** beginnt und stellt die Frage (gelb unterlegtes Feld).* *__B__ kontrolliert die Frage mit Hilfe der Lösung in eckigen Klammern und antwortet.*
3. ***A** kontrolliert mit Hilfe der Lösungen in eckigen Klammern.*
4. *Dann stellt **B** eine Frage usw...*
5. *Wechseln Sie die Rollen nach einem Durchgang.*
6. *Falten Sie den Bogen entlang der Mittellinie.*

A	B
Qu'est-ce que tu (faire) si tu (avoir) un accident de voiture ? [**J' appellerais** la police et **je demanderais** de l'aide aux passants.]	[Qu'est-ce que **tu ferais** si **tu avais** un accident de voiture ?] J' (appeler) la police et je (demander) de l'aide aux passants.
[Si ton meilleur ami te **quittait**, comment est-ce que **tu réagirais** ?] J'(essayer) de comprendre sa décision.	Si ton meilleur ami te (quitter), comment est-ce que tu (réagir) ? [**J'essayerais / J'essaierais** de comprendre sa décision.]
Si tu (avoir eu) de meilleures notes à l'école, qu'est-ce que tu (avoir fait) plus tard ? [**J'aurais fait** des études et **je serais devenu(e)** ingénieur.]	[Si **tu avais eu** de meilleures notes à l'école, qu'est-ce que **tu aurais fait** plus tard ?] J'(avoir fait) des études et je (être devenu(e)) ingénieur.
[Qu'est-ce que **vous feriez** si **vous perdiez** votre travail ?] Si je (perdre) mon travail, je (chercher) un autre poste.	Qu'est-ce que vous (faire) si vous (perdre) votre travail ? [Si **je perdais** mon travail, **je chercherais** un autre poste.]
Si vous (devoir) émigrer, dans quel pays est-ce que vous (partir) ? [Si **je devais** émigrer, **j'irais** habiter aux Etats-Unis.]	[Si **vous deviez** émigrer, dans quel pays est-ce que **vous partiriez** ?] Si je (devoir) émigrer, je (aller) habiter aux Etats-Unis.
[Si **tu avais su** que **je ne voulais pas** te quitter, qu'est-ce que **tu aurais fait ?**] Si j' (avoir su) que tu (ne pas vouloir) me quitter, je (ne pas avoir réagi) si méchamment.	Si tu (avoir su) que je (ne pas vouloir) te quitter, qu'est-ce que tu (avoir fait) ? [Si **j'avais su** que **tu ne voulais pas** me quitter, **je n'aurais pas réagi** si méchamment.]

Kapitel 17: Gérondif

Améliorer son français

Üben Sie zu zweit.

1. *Entscheiden Sie zunächst, wer mit der **A-Seite** und wer mit der **B-Seite** übt.*
2. *Führen Sie einen Dialog. **A** beginnt und stellt die Frage. **B** antwortet mit Hilfe der Vorgaben und benutzt dabei das **Gérondif**.*
3. ***A** kontrolliert mit Hilfe der Lösungen in eckigen Klammern.*
4. *Dann stellt **B** eine Frage und **A** antwortet.*
5. *Wechseln Sie die Rollen nach einem Durchgang.*
6. *Falten Sie den Bogen entlang der Mittellinie.*

A	B
Comment est-ce que tu améliores ton français ? [J'améliore mon français **en cherchant des informations sur un site français et en regardant la télé française**.]	J'améliore mon français (chercher des informations sur un site français et regarder la télé française)
Moi, je vais améliorer mon français (partir dans un pays francophone, vivre dans une famille française pendant les vacances et parler beaucoup avec des Français)	Et toi ? Qu'est-ce que tu vas faire pour améliorer ton français ? [Moi, je vais améliorer mon français **en partant dans un pays francophone, en vivant dans une famille française pendant les vacances et en parlant beaucoup avec des Français**.]
Comment est-ce que votre prof de français fait ses cours ? [Notre prof fait ses cours **en nous apprenant des expressions utiles, en nous faisant parler le plus souvent possible et en organisant des jeux**.]	Notre prof fait ses cours (nous apprendre des expressions utiles, nous faire parler le plus souvent possible et organiser des jeux)
J'ai trouvé une famille (s'inscrire à l'échange de notre école)	Comment est-ce que tu as trouvé une famille en France ? [J'ai trouvé une famille **en m'inscrivant à l'échange de notre école**.]
Vos tests, comment les faites-vous ? (Nous les faisons **en écrivant des petits textes, en écoutant des exercices de compréhension orale, en faisant une médiation ou en faisant un résumé de texte**.)	Nous les faisons (écrire des petits textes, écouter des exercices de compréhension orale, faire une médiation ou faire et un résumé de texte)
Elle a organisé mon séjour (me demander ce que j'aime faire, inviter des amis, planifier des excursions intéressantes, m'expliquer les actualités, m'inviter à un concert de musique pop et faire une teuf (dt. Fête) avec mes copains / copines de l'échange)	Comment est-ce que ta famille en France a organisé ton séjour ? [Elle a organisé mon séjour **en me demandant ce que j'aimais / j'aime faire, en invitant des amis, en planifiant des excursions intéressantes, en m'expliquant les actualités, en m'invitant à un concert de musique pop et en faisant une teuf avec mes copains / copines de l'échange**.]

Kapitel 19: Das Passiv

Destination « La Réunion »

Arbeiten Sie zu zweit.

1. *Einigen Sie sich zuerst, wer die **Rolle A** und wer die **Rolle B** übernimmt.*
2. *Führen Sie einen Dialog, indem Sie jeweils die gelb unterlegten Sätze ins Französische übertragen.*
3. ***B** beginnt. Der Partner kontrolliert mit Hilfe der Lösungen in den eckigen Klammern.*
3. *Wechseln Sie die Seiten nach einem Durchgang.*
4. *Falten Sie den Bogen entlang der senkrechten Mittellinie.*

A	B
[**On parle** beaucoup de l'île de La Réunion. **On m'a dit** que c'est / c'était une île française.]	Es wird viel über die Insel *La Réunion* gesprochen. Mir wurde gesagt, dass es eine französische Insel ist.
Die Insel wurde am 19. März 1946 französisches Département. Im 18. Jahrhundert wurde sie vor allem von Franzosen kolonisiert *(coloniser)*. Aber entdeckt wurde sie von den Arabern bereits im Mittelalter *(le Moyen Âge)*. Vorher war sie unbewohnt.	[L'île est devenue (un) département français le 19 mars 1946. Au 18e siècle, **elle a été colonisée** surtout par des Français. Mais **elle a déjà été découverte** au Moyen Âge par les Arabes. Avant, elle était inhabitée.]
[Quelles langues est-ce qu'**on parle** là-bas ?]	Welche Sprachen werden dort gesprochen?
Es werden französisch und kreolisch *(créole)* gesprochen. Die Bevölkerung ist sehr gemischt *(métissé,e)*.	[**On parle** (le) français et (le) créole. La population est très métissée.]
[Qu'est-ce qu'on mange à La Réunion ?]	Was wird auf *La Réunion* gegessen?
Ein typisches Essen ist das *Rougail de saucisses*. Es wird mit Reis als Beilage gegessen *(accompagné de)*.	[Un repas typique, c'est le rougail de saucisses. **Il se mange accompagné de** riz.]
[Est-ce qu'il y a / Y a-t-il des belles plages ? Où est-ce qu'on peut se baigner ?]	Gibt es schöne Strände? Wo kann man baden?
Es gibt nicht viele schöne Strände, wo gebadet werden kann. Auf La Réunion wird vor allem gewandert *(faire des randonnées)*.	[Il n'y pas beaucoup de belles plages où **on peut se baigner**. A La Réunion, **on fait** surtout des randonnées.]
[Qu'est-ce qu'**on fête** sur l'île ?]	Was wird auf der Insel gefeiert?
Am 20. Dezember wird das Ende der Sklaverei *(l'esclavage, m)* gefeiert. Sie wurde 1848 abgeschafft *(abolir)*. An diesem Tag wird auf den Straßen getanzt und viel gesungen.	[Le 20 décembre, **on fête** la fin de l'esclavage. Il **a été aboli** en 1848. Ce jour-là, **on danse** dans les rues et (on) **chante** beaucoup.]

Lösungen

Kapitel 1: Der Plural der Nomen

Que sais-je ?

Quiz orthographe

des porte-bonheur**s**, des bijou**x**, des CD, des chasse-neige**s**, des **messieurs**, des cadeau**x**, des feu**x**, des euro**s**, des ours, des mouchoir**s** de poche, des verre**s** à eau, des prix, des détail**s**, des journ**aux**.

Exercice

Le lac du Salagou

Il est cinq heures de l'après-midi.
Des **grands-pères** aux **cheveux gris** sortent de leurs **camping-cars** garés au bord du lac du Salagou et se promènent avec leurs **petits-enfants** sur les berges.
Ils y passent tous les **après-midis** en observant en détail les **animaux** qui vivent dans cet écosystème artificiel dans le sud de la France.
Après les **travaux** dans les années 60, le barrage du Salagou a noyé plus de 750 hectares de terre et les a transformés en site exceptionnel pour la faune et la flore.
Bref, le lac du Salagou est devenu un paradis pour les **amoureux** de la nature.
Ici, on est loin par exemple des **festivals** bruyants des villes. Le citadin oublie vite les unes des **quotidiens** ou les **jeux vidéo** en observant les **oiseaux** qui y ont trouvé un milieu favorable comme le grand Cormoran issu des **pays** nordiques.
Pour mieux les étudier en pleine activité de pêche, les **touristes** peuvent louer toutes sortes de **bateaux** comme des kayaks, des canoës ou d'autres embarcations à des **prix** raisonnables. Ceux qui aiment les **chevaux** font des **randonnées** à cheval dans la vallée du lac.
Les **paysages** de canyons de **roches** rouges et volcaniques qui se fondent dans les **eaux** du lac n'ont rien à envier aux **lieux** mythiques des Indiens de l'Arizona.
Les adeptes du tout terrain laissent leurs traces de **pneus** VTT dans le sable des **pistes** bordant l'eau.
Mais attention, ouvrez vos **yeux** : il y a aussi des passages difficiles ! Roulez avec modération pour éviter des blessures aux **genoux** ou des **trous** dans les pantalons.

Kapitel 2: Die Begleiter

Que sais-je ?

Qu'est-ce qu'on va manger ce soir ?

Bruno : Qu'est-ce qu'on mange ce soir ? Qu'est-ce qu'on a dans le frigo ?
Zoé : Alors on a un litre **de** lait, 250 g de beurre, beaucoup **de** pâtes et un pot **de** crème fraîche. On pourrait faire **des** spaghettis…
Bruno : D'accord pour **des** spaghettis à la bolognaise. Alors, il faut aussi **du** fromage, **de la** viande hachée et **des** tomates. Et on n'a pas **d'**oignons.
Zoé : Si, on a encore sur l'étagère. Et si on faisait **du** poisson avec **du** riz ? J'aime bien **le** poisson.
Bruno : Ah non, je ne veux pas **de** riz. En plus, je n'aime pas **le** poisson. Je préfère **la** viande. Si tu veux, je ferai les courses.
Zoé : Alors, achète un kilo **de** viande hachée, **de la / une** salade et aussi **des** carottes. Comme dessert, on pourrait manger **de la / une** mousse au chocolat ? Qu'est-ce que tu en penses ?
Bruno : D'accord. On a encore **de l'**eau ?
Zoé : Non. Alors, prends deux bouteilles **d'**eau.

Rachida et sa famille

Rachida, **son** frère Farid et **sa** sœur Naïma habitent avec **leurs** parents à Lyon. **Leur** appartement est dans le Vieux-Lyon. Rachida a un chien. **Son** chien s'appelle Max et il aime bien courir après d'autres animaux. Rachida, Naïma et Farid apprécient beaucoup les repas de **leur** grand-mère. Rachida travaille à l'hôtel *la Cour des Loges*. Elle aime bien **son** travail à la réception de l'hôtel. Farid va au lycée. **Son** lycée est le lycée *Victor Hugo*. Naïma va au collège *Mermoz*. Elle adore **son** école et **ses** profs. Dans **sa** classe, il y a **sa** copine Anne, **ses** copains David et Assane et **son** ami Franck.

Exercices

1 Trouver des amis

Vous avez **du** travail, **de l'**énergie, **du** courage et **du** temps libre ?
Vous aimez faire **du** sport, **de la** musique et **des** voyages ?
Mais vous n'avez pas **de** famille, pas **d'**amis ? Pour rencontrer **des** gens qui sont dans la même situation, contactez Amiship.

2 Avant la fête

1. Nicolas prépare **une** fête. 2. Ses amis / copains aiment **les** frites ; il préfère **les** légumes. 3. **Les** légumes sont bons pour **la** santé. 4. D'abord, il achète **des** frites, **de la** mayonnaise, **du** ketchup, **de la** salade, **des** carottes et **des** aubergines. 5. Ensuite / Puis, il achète **des** boissons : six bouteilles **de** coca, trois litres **de jus d'**oranges, deux litres **de** jus **de** pommes et **de l'**eau. 6. Finalement, il n'a plus **d'**argent.

3 Faisons des crêpes.

Sabrina aime **les** crêpes. Elle a **de la** chance : sa corres Marie lui montre comment on fait **des / les** crêpes. La plupart **des** recettes sont simples à réaliser.
Marie : D'abord, je prends 200 g **de** farine, ½ litre **de** lait et un verre **d'**eau. Après, je verse **l'**eau dans **le** lait. Puis, j'ajoute les 200 g **de** farine et je fais bouillir. Il faut ensuite attendre une heure.
Après, je mets cinq œufs et 100 g **de** sucre dans la pâte. Et un peu **de** sel.
Sabrina : **Du** sel ?
Marie : Oui, le sel donne **du** goût à la pâte. Mais il ne faut pas en mettre trop.
Sabrina : Regarde **la** pâte, j'ajouterais **de la** farine.
Marie : Non, non, il y assez **de** farine. Bon. Mélangeons bien. Voilà.
Sabrina : Il ne faut pas rajouter **du** beurre ?
Marie : Si, mais pas tout de suite. On chauffe d'abord **le** beurre dans une poêle. Ensuite, on l'ajoute à **la** pâte. Dans une ou deux minutes, on va retourner **la** crêpe. Puis on attendra encore une minute. Voilà. Maintenant, on saupoudre **la** crêpe de sucre.

4 Un bon repas

Paris – Toulouse, ça fait 5 heures de train. Quand Julien arrive enfin à Toulouse, il a faim. Il a **de la** chance : sa grand-mère a préparé **un** bon repas. A table, elle lui propose beaucoup **de** choses.
Mme Dupuy : Tu prends encore **du** cassoulet ? **Des** pommes de terre ? Tu veux encore **de la** salade ? **De l'**eau ? **Du** pain ?
Le cassoulet et **la** salade sont très bons. Mais Julien n'a plus faim.
Mme Dupuy : Comment ? Tu ne prends pas **de** dessert ? J'ai préparé **un** gâteau au citron avec **de la** crème.
Nicolas regarde **le** gâteau. Quel super dessert ! Finalement, il en mange, mais il a peur d'avoir mal au ventre. Après **le** dessert, **le** grand-père prépare **le / un** café.
M. Dupuy : Qui veut **du / un** café ?
Mme Dupuy : Moi, j'en veux bien.
M. Dupuy : Et toi, Julien ?
Nicolas : Moi, je n'aime pas **le** café. Je préfère prendre **de l'**eau.

5 Une interview

Anne : Salut. **Ton** groupe, c'est Toolhouse. Pourquoi Toolhouse ?
Cathy : Parce que **mes** copains et moi, on est de Toulouse.
Anne : Qu'est-ce que vous faites dans **votre** groupe, **tes** copains et toi ?
Cathy : Moi, je fais de la guitare. Voilà **mon** instrument.
Anne : Elle est super, **ta** guitare.
Cathy : Oui, elle est belle. C'est **mon** cadeau d'anniversaire.
Anne : **Votre** musique intéresse aussi **vos** parents ?
Cathy : Non, pas du tout. Mais nous, nous aimons bien la musique de **nos** parents, alors nous jouons les succès de **leur** époque.
Anne : Qui est Franck ?
Cathy : C'est **mon** frère. Il est **notre** chanteur. **Sa** façon d'interpréter les chansons des années 80 plaît énormément au public.
Anne : Et les autres membres du groupe, ils s'appellent comment ?
Cathy : **Notre** batteur, c'est Frédéric ; le joueur d'orgue électronique, c'est Christian, un de **mes** meilleurs copains, et finalement Nathalie qui joue de la basse.
Anne : Je vous souhaite beaucoup de succès pour l'avenir. Merci pour l'interview.

6 La vie dans une colocation

1. Laure fait **son** stage à Paris. 2. Elle aime **sa** chambre et **ses** trois colocataires Alex, Rose et Christophe. 3. Ils invitent **leurs** amis et **leur** montrent **leur** appartement. 4. Alex cherche toujours / tout le temps **son** portable et **ses** clés. 5. Rose appelle toujours / tout le temps **son** ami à Marseille / téléphone… à **son** ami. 6. Christophe n'aime pas ranger **ses** affaires. 7. Hier, **leur** propriétaire a appelé / téléphoné : « Je vous demande / prie de payer **votre** loyer. »

Kapitel 3: Die Zahlen

Que sais-je ?

Les nombres qui fâchent.

le 3 octobre, le 14 juillet, Louis XIV, Henri IV, un demi-litre, 22 pour cent, une douzaine d'œufs, une vingtaine de cartes postales, deux heures et demie, à peu près / environ 45 jours, des millions de spectateurs, le premier mai

Exercices

1 Europe – quelques dates importantes

1. **Le 9 mai 1950**, Robert Schuman, ministre des Affaires étrangères présente une déclaration, considérée comme l'acte de naissance de l'Union européenne. 2. **Le 25 mars 1957**, l'Allemagne, la Belgique, la France, l'Italie, le Luxembourg et les Pays-Bas signent les traités de Rome donnant naissance à la Communauté économique européenne (CEE). 3. Les accords de Schengen (Luxembourg) **du 14 juin 1985** permettent l'ouverture des frontières entre les États signataires. 4. **Le 1er novembre 1993** (traité de Maastricht) : La CEE devient officiellement l'Union européenne (UE) 5. **Le 1er janvier 2002** : introduction des pièces et billets en euro(s).

2 Deux sœurs dans la misère

1. Il y **un an et demi / dix-huit mois**, Séraphine et sa sœur Kaneza, qui a **deux ans de moins** (qu'elle), ont perdu leurs parents dans la guerre civile au Burundi. 2. Depuis **six mois**, elles vivent dans un camp de réfugiés. 3. Elles attendent l'aide alimentaire depuis **deux jours et demi**. 4. Aujourd'hui, elles ont reçu **250 g de riz** et **un litre et demi** d'eau.

3 Les jeunes internautes

1. **99% des jeunes de huit ans à dix-huit** surfent sur Internet. 2. **Près de la moitié / Presque la moitié de ces jeunes** le font tous les jours. 3. **Huit jeunes internautes sur dix** considèrent qu'Internet sert avant tout à s'amuser. 4. **La plupart des lycéens** sont sur facebook, mais il y en a d'autres qui préfèrent MSN.

4 Le bureau des objets trouvés à Paris

L'an dernier, le service du bureau des objets trouvés a reçu **environ / à peu près** 80 000 objets. Il s'agit **de milliers de** lunettes de soleil, **de centaines de** téléphones portables, portefeuilles, parapluies et **de dizaines de** dentiers. Mais il y a aussi **une trentaine de paires de… / environ / à peu près trente paires de** chaussures – et **une vingtaine de / environ vingt / à peu près vingt** fauteuils roulants abandonnés par des faux handicapés pour fuir la police.

5 Faits divers

1. *Olympique Lyonnais* : son meilleur attaquant ne sera pas disponible **(pour) les deux prochains mois**. 2. **A 10 heures du matin**, la terre a tremblé pour la première fois. 3. Perdre 5 kilos en **quinze jours / deux semaines** ! C'est possible ! 4. Le prix du pétrole est resté stable **pendant les quatre dernières semaines**. / **Les quatre dernières semaines**, le prix du pétrole est resté stable. 5. Disparu **il y a huit jours / une semaine**, l'alpiniste a été retrouvé mort hier soir.

Kapitel 4: Das Adjektiv

Que sais-je ?

La place et l'accord de l'adjectif

Vorangestellt	Adjektiv	Nachgestellt
x	jeune	
	étranger	x
x	gros	
x	vieux	

Vorangestellt	Adjektiv	Nachgestellt
	allemand	x
x	mauvais	
	noir	x
	régional	x

1.	une	gran**de**	ville
2.	un	petit	café
3.	des	bonn**es**	histoires
4.	une	joli**e**	fille

5.	des	produits	bizarre**s**
6.	une	robe	blan**che**
7.	des	filles	sympa**s**
8.	un	chef	content

Des restaurants à Paris

Restaurant Balzac : C'est un restaurant branché. Les pizzas y sont **bonnes**. Les gens aiment la gran**de** terrasse.
Chez Christophe : La terrasse est petit**e** et joli**e** / joli**e** et petit**e**. Mais les crêpes y sont mauvais**es**.
Les clients ne sont pas content**s**.
Cuisine libanaise : Ce restaurant est nouveau. Le chef et sa femme sont sympa**s**. Les hôtes adorent les bon**s** falafels du restaurant.

1. Cette pizzeria est **meilleure que** les autres restaurants.
2. Elle est aussi **moins chère / meilleur marché**.
3. Ici, on sert **les plus grandes / grosses** pizzas de la ville.

Exercices

1 E-mail de Manon

Chère Nathalie,
Voici un premier courriel d'Aix en Provence.
Je suis dans un des vieux bistrots du cours Mirabeau. A la **table voisine**, il y a un **garçon très cool**. Je lui parle ou pas ? Il me manque le courage. Derrière moi, il y a deux **filles italiennes** qui parlent tout le temps. Elles sont de **bonne humeur**. A Aix, il y a beaucoup **d'étudiants étrangers** qui viennent du **monde entier**. J'ai aussi des / d'**excellents professeurs / des professeurs excellents**. C'est vrai que ce n'est pas une **mauvaise idée** de faire ses études ici. **La ville est jolie** et **le climat est doux**. J'ai aussi deux copines. Murielle et Magali sont **gentilles** et des **vraies amies**. Et j'ai aussi un **copain beau et génial** : Yanis. Yanis et moi, nous faisons les **mêmes études**. J'aime travailler avec lui parce qu'il sait tout expliquer. Depuis deux mois, j'habite dans un **nouvel appartement**. **Je suis très heureuse** d'habiter maintenant dans un **quartier calme et vert**.
A bientôt !
Manon

2 Architecture moderne

Félix : Comment est-ce que tu trouves les **nouveaux immeubles** et les **nouvelles tours** dans notre **vieux quartier** ?
Céline : Franchement, je ne les trouve pas **beaux**. Je regrette que la municipalité ait fait démolir **l'ancienne gare** et toutes ces **vieilles maisons**.
Félix : Ma sœur Delphine habite dans un **bel appartement**, au 16e étage. Elle a une très **belle vue** sur la ville.
Céline : Ah, ta **chère sœur**. Elle gagne largement sa vie. Elle a les moyens de s'offrir un **appartement si cher**.
Félix : Oui, elle a de la chance. Mais il ne faut pas oublier les **pauvres gens** (die armen = bedauernswerten Leute) / **les gens pauvres** (die armen = mittellosen Leute) qui habitent dans des logements vétustes.
Tu as raison, c'est un **vrai problème**.

3 Un chocolatier raconte

1. Je trouve que le chocolat noir est **meilleur que** le chocolat blanc. 2. Le chocolat noir est **le moins sucré** des deux. 3. Un gâteau au fromage est **aussi riche en calories qu'**un gâteau au chocolat. 4. Le cadeau **le plus cool** pour la Saint Valentin, ce sont des cœurs en chocolat. 5. Ils sont vraiment **les meilleurs** du monde. 6. Une barre chocolatée est **moins chère qu'**une tablette de chocolat. 7. Mais une barre est **plus petite** et n'est pas **aussi bonne** pour la santé. 8. Je vous propose de goûter une des truffes au chocolat **les plus délicieuses** de Paris.

4 Le saviez-vous ?

1. La France est un des plus grands pays d'Europe / La France est un des pays les plus grands d'Europe. Ses monuments les plus connus / célèbres sont la tour Eiffel et le Louvre. 2. Avec plus de 80 à 82 millions de visiteurs par an, elle est le pays le plus visité du / au monde. 3. Le massif du Mont Blanc est le plus haut massif / le massif le plus haut / le massif le plus élevé de France. 4. Son plus haut sommet, / Son sommet le plus haut, c'est le Mont Blanc à 4810 mètres d'altitude / avec une altitude de 4810 mètres. 5. La plus grande forêt / La forêt la plus grande de France, c'est la forêt d'Orléans. 7. La Loire est le plus long fleuve / le fleuve le plus long du pays. 8. La plus vieille ville de France / La ville la plus vieille / ancienne de France, c'est Marseille.

5 Quiz

1.3. / 2.3. / 3.2. / 4.2. / 5.2.

Kapitel 5: Verben: Bildung der Zeiten und Modi

Que sais-je ?

Infinitif / **Présent**	**Imparfait**	**Futur simple**	**Conditionnel présent**	**Subjonctif présent**	**Passé composé**
avoir / nous avons	tu avais	j'aurai	vous auriez	que nous ayons	il a eu
jeter / On jette	elle jetait	**vous jetterez**	tu jetterais	que vous jetiez	j'ai jeté
être / vous êtes	**vous étiez**	ils seront	je serais	qu'il soit	tu as été
attendre / j'attends	nous attendions	tu attendras	ils attendraient	que tu attendes	**vous avez attendu**
s'ennuyer / je m'ennuie	vous vous ennuyiez	on s'ennuiera	**on s'ennuierait**	que tu t'ennuies	elle s'est ennuyée
sortir / ils sortent	je sortais	nous sortirons	nous sortirions	**qu'elle sorte**	nous sommes sorti(e)s
choisir / tu choisis	tu choisissais	elle choisira	vous choisiriez	qu'on choisisse	ils ont choisi
bouger / nous bougeons	nous bougions	tu bougeras	ils bougeraient	que vous bougiez	**elles ont bougé**

Exercices

1 A travers les temps

Présent

1. Tu **nettoies** le vélo ? 2. Nous l'**appelons** Jojo. 3. Votre appareil ne **sert** à rien. 4. Ils ne nous **attendent** jamais. 5. **Elle réfléchit** avant de parler. 6. **Ils grandissent** dans des conditions insupportables.

Imparfait

1. Avant, il **achetait** toujours le même journal. 2. Pendant les vacances, on **mangeait** souvent trop. 3. Je **dormais** toujours sur place. 4. A chaque critique, vous **réagissiez** mal. 5. Chaque matin, nous **réfléchissions** où aller. 6. De loin, ils **entendaient** des cris d'alarme.

Futur simple

1. Elle **paiera** la somme demandée. 2. Demain, je me **lèverai** à 6 heures. 3. Ils **essayeront** de le joindre. 4. Où est-ce que vous **attendrez** ? 5. Tu **sortiras** aujourd'hui à 6 heures ? 6. On y **réfléchira**.

Conditionnel présent
1. J'**emploierais** une autre expression. 2. Ils ne **partageraient** jamais les idées du président. 3. En cas de grève, nous **descendrions** dans la rue. 4. A ta place, je ne **répondrais** pas à sa lettre. 5. Si elle était honnête, elle ne **mentirait** à personne. 6. Pourquoi est-ce que tu ne **réussirais** pas ?
Subjonctif présent
1. Je suis content que vous **achetiez** des produits bio. 2. Avant que tu **répondes** à ces questions, réfléchis bien. 3. Marc n'aime pas que sa copine **sorte** en boîte. 4. Il veut que nous **commencions** plus tôt. 5. Il faut qu'elle **finisse** première au classement. 6. Elle souhaite que nous **distinguions** le bien du mal.
Passé composé
1. Tu as déjà **remplacé** ton ordi ? 2. Elle n'a pas **rangé** sa chambre. 3. J'ai **essayé** de te joindre. 4. Ils sont déjà **partis** en vacances ? 5. Nous avons **entendu** un bruit. 6. Ils ont bien **réussi** dans la vie.

2 Une visite à Grasse
Marc et Louise **ont passé** une semaine à Biot en Provence. Un jour, ils **sont allés** voir leurs amies Océane et Chloé à Grasse, la capitale mondiale des parfums. Ils y **sont arrivés** à dix heures et après un petit café, leurs amies leur **ont montré** la ville. Elles **ont proposé** de visiter une parfumerie. Un guide **leur a expliqué** toutes les étapes de la création des parfums. Ils **sont entrés** dans différents laboratoires et ateliers. Tout à coup, le guide **a demandé** à Marc : « Vous voulez créer votre propre parfum pour hommes ? » Marc **n'a pas hésité** une seule seconde et **a suivi** le guide dans un petit atelier. Les filles **sont restées** stupéfaites et **ont éclaté** de rire. Quelques minutes plus tard, Marc **est revenu** avec un petit flacon à la main. Il **a dit** : « Voilà. **J'ai réussi** à créer mon propre parfum ! ». Après la visite, les filles **sont descendues** dans la petite boutique de la parfumerie où elles **ont essayé** plusieurs parfums.

3 Habiter au 10e étage
Marc et Nina **ont dû** faire les courses. D'abord, ils **sont descendus** à la cave où ils **ont sorti** leurs vélos. Puis, ils **ont descendu** la rue d'Austerlitz. Au premier carrefour, ils **ont tourné** à gauche, puis à droite. Deux minutes plus tard, ils **sont arrivés** au supermarché. Marc **est** directement **allé** (directement) au rayon DVD. Nina **s'est occupée** des boissons, de la viande, du fromage et de tout le reste. Les deux jeunes y **ont passé** une bonne heure. Après, ils **sont rentrés** à la maison. Ils **ont descendu** leurs vélos à la cave. Comme Marc est très sportif, il **a monté** l'escalier. Nina **a monté** tous les sacs en prenant l'ascenseur. Arrivée dans son appartement, elle **est tombée** dans un fauteuil : ces courses la fatiguent, comme toujours. Son copain **est arrivé** un peu plus tard au dixième étage, il **a dû** se reposer aussi.

4 Une randonnée en VTT
Ce jour-là, M. et Mme Durand **se sont levés** très tôt. Comme il faisait très beau, ils **se sont dit** que c'était le bon moment pour faire une randonnée en VTT à travers la forêt de la Grésigne.
Madame Durand **est entrée** dans la chambre des filles pour réveiller Marie et Isabelle. M. Durand **s'est occupé** du petit déjeuner. Toute la famille **s'est** bien **préparée** ; après, les Durand **se sont mis** en route. Ils **ont tous aimé** monter et descendre les petits sentiers. Tout à coup, M. Durand, en pleine forme, **s'est décidé** à prendre un raccourci en traversant un ruisseau. Il **s'est tourné** vers sa famille : « **Ne vous inquiétez pas** ! Je connais la forêt comme ma poche. » Et ils **ont continué** leur randonnée. Dix minutes plus tard, M. Durand **s'est arrêté** et il **a regardé** dans tous les sens. Cette fois-ci, Mme Durand **s'est inquiétée** : « Qu'est-ce qu'il y a ? On **s'est perdus** ? Regarde donc sur la carte ! ». M. Durand était désolé : il **s'était trompé** de chemin. En plus, il **avait oublié** sa carte. Mme Durand **s'est fâchée** : « Tu la connais bien, ta poche ! Comment va-t-on sortir de la forêt ? » Après, ils ne **se sont** plus **parlé**. Marie et Isabelle **se sont moquées** de leurs parents en sortant de leur sac à dos leur petit GPS de randonnée. « **Ne vous disputez pas**. Suivez-nous tout simplement ! »

5 Après le braquage
a) – Combien de personnes est-ce que vous **avez vues** ?
– J'**ai vu** trois personnes cagoulées.
– Combien de caméras de surveillance est-ce que vous **avez installées** ?
– Euh, … la seule caméra que j'**ai mise** dans ma boutique **est tombée** en panne.
– Et vous ne l'**avez** pas **fait** réparer ?
– Non, pas encore.
– Quels bijoux est-ce qu'on vous **a volés** ?
– Je ne le sais pas encore exactement. Mais il manque un certain nombre de bagues et de montres. Je ne les **ai** pas encore **comptées**.

- Quelle fenêtre est-ce qu'ils **ont cassée** ?
- La petite fenêtre sécurisée qu'on **a installée** l'an dernier.

b) - Combien de photos est-ce que vous **avez prises** sur le lieu du crime ?
- J'en **ai pris** vingt.
- Vous **avez** déjà **téléphoné** aux collègues pour prendre des empreintes digitales ?
- Non, je ne les **ai** pas encore **contactés**.
- Vous **avez** déjà **parlé** à l'employée que les malfaiteurs **ont menacée** ?
- Non, on ne l'**a** pas encore **interrogée**.
- Où sont les témoins ? Vous les **avez laissé** partir ?
- Non, je les **ai conduits** dans le bureau du bijoutier et je les **ai priés** d'attendre.

6 Une lettre d'Arno

Chers grands-parents,
Je vous remercie beaucoup de votre **lettre que j'ai reçue** hier. Les **photos que vous m'avez envoyées** me plaisent particulièrement. Je **les** ai **montrées** à ma copine Sonia pour lui donner une idée de votre vie en Normandie.
Nous avons passé une très bonne semaine dans un gîte dans les Pyrénées. A notre arrivée**, la propriétaire est venue** nous dire bonjour. Sonia et moi, nous **l'avons trouvée** très gentille. **Elle s'est intéressée** à toutes **les excursions qu'on a faites** dans la région. Le premier soir, on **a fait** un grand feu dans la cheminée. Puis **nous nous sommes fait** une bonne garbure – une spécialité de la région. Après, **nous nous sommes réchauffés** devant la cheminée et **nous nous sommes raconté** des histoires. Pauvre Sonia, **elle s'est retrouvée** sans vêtements chauds. Alors **on s'est rendus** à Pau où **Sonia a acheté** un polaire et un pantalon. Elle s'**est** aussi **offert** une paire de chaussures de montagne. Après ça, nous **avons quitté** la ville et on **est allés** à Cauterets dans le Parc National des Pyrénées. On **a** beaucoup **marché** mais on n'**a** pas **vu** les ours dont on parle beaucoup ici. Je me souviens que **vous êtes venus** ici il y a quelques années. Mais je ne sais plus **quels villages vous avez visités** à l'époque. J'imagine que beaucoup de choses **ont changé** entre-temps.
Je vous embrasse,
Arno

Kapitel 6: Gebrauch der Zeiten und Modi

Que sais-je ?

Une annonce

C'**était** un samedi matin. Comme d'habitude, Zoé **lisait** la Dépêche du Midi. En même temps, son copain Julien **préparait** le café : ils **voulaient prendre** le petit déjeuner ensemble. Tout à coup, Zoé **a vu** une annonce qu'elle **a montrée** à Julien. C'**était** pour louer un appartement. Alors, les deux jeunes **ont décidé** d'appeler le propriétaire qui leur **a donné** rendez-vous à 16 heures. Quand ils **sont arrivés** à l'adresse indiquée, M. Renard les **attendait** déjà. Ils **sont montés** au 6e étage sans prendre l'ascenseur. Pendant que M. Renard **vantait** les atouts de l'appartement, Zoe et Julien le **regardaient / l'ont regardé** en détail. Quelle chance ! L'appart **était** en bon état. A la fin de la visite, ils **se sont mis** d'accord pour le louer.

Questions d'amour

1. Magali a déjà eu plusieurs déceptions sentimentales. En ce moment, elle a des problèmes avec son copain Vincent bien qu'elle **fasse** toujours attention à ce qu'elle **fait** et à ce qu'elle **dit**. 2. C'est pourquoi elle préfère que ses rapports avec lui n'**aillent** pas plus loin. 3. Elle craint qu'il **puisse** la laisser tomber. Elle sait qu'à l'avenir, d'autres filles **prendront** des cours de surf avec lui. 4. Elle se souvient que l'année dernière, à l'Alpe d'Huez, elle **était** amoureuse de Manuel, son moniteur de ski. 5. Elle était heureuse qu'il l'**ait** préférée à d'autres filles de son cours. Elle espérait que cela **durerait** au moins pendant toutes les vacances. 6. Mais au bout d'une semaine, Manuel **s'est occupé / s'était occupé** de plus en plus d'une nouvelle élève de son cours, une super belle Italienne. 7. Magali n'est pas comme sa meilleure amie Léa qui **oublie** vite ses anciens petits copains. 8. Magali est sûre que Léa ne **pense** plus depuis longtemps à Rémi, avec qui elle s'est consolée quand Vincent n'**a** pas **répondu** à ses avances.

Exercices

1 Enfin sans parents ! Julie raconte…

1. Pendant des années, je **passais** les vacances avec mes parents. 2. C'**était** un peu ennuyeux : tous les ans, nous **allions** à la montagne, nous **faisions** des randonnées et nous **mangions** nos pique-niques à côté des vaches. 3. A 17 ans, j'**ai eu** envie de passer mes vacances différemment. 4. Avec ma copine Marie, j'**ai pris** mon sac à dos et nous **sommes allées** à Naxos en Grèce. 5. C'**était** fantastique ! 6. Tous les jours, on **allait** / on **est allées** à la plage où on **se bronzait** / on **s'est bronzées**. 7. Un jour, nous **avons rencontré** deux Hollandais avec qui nous **avons continué** notre voyage. 8. Arjen et Johan, qui **étaient** très sympas, **venaient** d'Amsterdam et **avaient décidé** de faire le tour des Cyclades. 9. Ensemble, nous **avons visité** presque toutes les îles. 10. Un soir, à Milos, les garçons n'**ont pas trouvé** d'hébergement parce que tous les hôtels **étaient** complets. 11. Marie et moi, nous **n'avons pas eu** / **n'avions pas** ce problème car nous **avions réservé** une chambre sur Internet avant notre départ. 12. Finalement, Arjen et Roben **ont dû** passer la nuit sur la plage. 13. Un an plus tard, Marie, qui **était tombée** amoureuse d'Arjen, **a commencé** ses études… à Amsterdam !

2 La « presque » île Noirmoutier

a) Les vieux Noirmoutrins s'en **souviennent** comme si c'était hier. Autrefois, ils **avaient** en tête les horaires des marées. Quand la mer **était** haute, ils **savaient** que le Gois **était** fermé et qu'il ne **pouvait** plus rien leur arriver. Aujourd'hui encore, à marée basse, la mer **se retire** sur plusieurs centaines de mètres et l'île **devient** une presqu'île. Quand le niveau de l'eau **monte**, la route, qui **a été construite** en 1920, **disparaît** sous l'eau.
Après qu'on **a construit / avait construit** un pont, le Gois **a perdu** son importance routière et **s'est transformé** en attraction touristique. Chaque année, quand il y **a** les grandes marées, ils **sont** des centaines à venir. Par beau temps, voitures et camping-cars **font** la queue en attendant de pouvoir traverser. En cas d'accident – soit une douzaine de fois par an – le directeur de l'office de tourisme **donne** l'alerte.
En août dernier, plusieurs touristes qui **voulaient** prendre le passage alors que la mer **commençait** déjà à monter / **avait déjà commencé** à monter, **ont dû** quitter leurs voitures et monter sur les balises-refuges. Ils **ont** tout de suite **appelé** les pompiers. Pendant qu'ils **attendaient** les secours, l'eau **montait** sans arrêt. Comme il **faisait** beau, les pompiers à l'aide d'un zodiac n'**ont mis** qu'une heure pour secourir les imprudents.
b) Le lieu du départ du prochain Tour de France **a été dévoilé / sera dévoilé** ce matin, à Paris devant la presse internationale. Le départ **sera donné** directement du passage du Gois ! On **savait** déjà qu'il n'y **aurait** pas de prologue. La première étape **sera** donc une étape en ligne du passage du Gois au Mont des Alouettes. La suite du parcours **sera annoncée** à Paris, demain à 18 heures.

3 Devenir pilote

Julien	J'aimerais devenir pilote.	**(W)**
	Comme pilote de ligne je pourrais parcourir le monde en avion! En plus, je gagnerais bien ma vie.	**(M / V)** **(V)**
La mère	Tu passerais toute ta vie dans les avions, aéroports et hôtels. Et pour bien te reposer, tu devrais prendre trois semaines de vacances au moins deux fois par an.	**(V)** **(R)**
Le père	Et tu aurais des horaires anarchiques, du stress… je pense.	**(V)**
La mère	Oui, tu travaillerais même la nuit…	**(V / M)**
Julien	Pourriez-vous vous calmer un peu ? Ce ne serait pas pour toujours.	**(B) / (V)**
Le père	Ecoute, je voudrais que tu penses d'abord au lycée.	**(W)**
La mère	A ta place, j'essaierais d'avoir des meilleures notes, surtout en maths et en anglais. Et après le bac, on verra.	**(R)**
Le père	Oui, ta mère, elle a raison : tu ferais mieux de travailler plus maintenant plutôt que de rêver !	**(B / R)**

4 Modalités

1. (Est-ce que) Tu pourrais / Pourrais-tu m'aider à réparer mon vélo ?	Bitte
Tu ferais mieux de t'adresser à un mécanicien.	Ratschlag
Il devrait avoir de meilleurs outils.	Vermutung
2. Après le bac, je voudrais passer une année de volontariat social / faire un volontariat d'un an aux Etats-Unis.	Wunsch

Je pourrais améliorer mon anglais / me perfectionner en anglais.	Möglichkeit
A ta place, je m'informerais tout de suite sur / je m'occuperais tout de suite de toutes les formalités.	Rat
3. 14 dépôts de carburant seraient bloqués dans le cadre d'une grève.	Vermutung (unbestätigte Nachricht)

5 C'est trop tard !

1. Je serais arrivé(e) à temps, mais mon chef ne m'a pas laissé partir plus tôt. 2. J'aurais bien aimé aller au cinéma avec toi / …aimé t'accompagner au cinéma, mais j'ai encore préparé une présentation. / mais j'ai dû encore préparer une présentation. 3. Tu aurais mieux fait de rester à la maison avec ton rhume. Maintenant, tu es vraiment malade. 4. Tu n'aurais pas dû refuser le poste. / A ta place, je n'aurais pas refusé le poste. Il aurait été idéal pour toi.

6 La colocation – un modèle à suivre ?

Modo : Après le bac, beaucoup de jeunes se demandent s'ils **vont travailler** ou faire des études.
Il est évident que la vie d'un étudiant dans une ville universitaire **est** très chère. Il suffit qu'on **lise** les annonces de locations d'appartements pour étudiants. Il paraît qu'un étudiant français **paie / paye** à peu près 400 € en moyenne pour un logement plus ou moins confortable. Certains disent que la colocation **est** la meilleure solution pour réduire le coût d'une location.
D'autres craignent que la vie commune avec leurs colocataires **puisse** vite virer au cauchemar.
Il est donc important qu'on **entende** les témoignages des colocs expérimentés :
Alex : En temps de crise, il est nécessaire que les étudiants **fassent** des économies. Je trouve que la colocation **peut** y contribuer.
Aïcha2 : Une fois l'appartement choisi et si vous **n'avez** pas encore de colocataire, il faut absolument que vous **trouviez** la bonne personne. Il faut être sûr que vous **ayez / avez** à peu près le même rythme de vie.
Depassage : J'ai été surpris que les propriétaires **demandent** (subjonctif) tant de documents (fiche de salaires, chèque de caution, attestations….). Jusqu'à ce que nous **ayons** obtenu le logement, ça a duré longtemps. Il est vrai que **c'est / c'était / ça a été** un travail de longue haleine.
JennyM : Je doute que les meilleurs copains **soient** forcément les meilleurs colocataires. Je m'entends très bien avec mon copain à condition qu'il ne **vive** pas sous le même toit que moi.
Joxxl : Je crois que la colocation **est** une bonne école. Je trouve bien qu'on **apprenne** à faire des compromis. J'aimerais que beaucoup de jeunes trop gâtés **fassent** cette expérience.
Platon : J'ai partagé des appartements avec des amis, des inconnus, aussi bien des hommes que des femmes, et il me semble qu'il n'y **a** pas de recette magique. Je suis convaincu qu'il **faut** rester souple et s'adapter aux personnes avec qui tu **vis**.

7 Projet de voyage.

1. Il faut que vous **visitiez** Rio. / Vous devez visiter Rio. C'est la plus belle ville / la ville la plus belle que je **connaisse / connais**. C'étaient les vacances les plus intéressantes que **j'aie passées** jusqu'ici / que j'aie jamais passées (jusqu'ici). 2. Vous n'êtes pas la première / la seule qui me (le) **dise / dit ça** (cela) / à me dire ça (cela) / à me le dire. J'aimerais bien aller au Brésil pourvu que / à condition que ce ne **soit** pas trop cher. 3. Voulez-vous / Est-ce que vous voulez que je vous **envoie** l'adresse du site de mon tour opérateur ? Je connais peu de tours opérateurs qui **soient** si compétents et qui **aient / proposent** des voyages à des prix si raisonnables dans leur programme. 4. Merci beaucoup. Il paraît / On dit que les gens **sont** très aimables / gentils / sympas / hospitaliers là-bas. 5. Juste un conseil : Avant d'y aller, / Avant que vous **alliez** là-bas, il / ce serait mieux que vous **appreniez** quelques mots de portugais.
6. C'est une bonne idée ! Connaissez-vous quelqu'un qui **puisse** vite me donner quelques leçons de portugais ? 7. Ah oui, il n'y a qu'une seule personne qui **soit** capable / en mesure de le faire correctement / de faire ça bien : c'est mon voisin Pedro. Il est Brésilien.

Kapitel 7: Die Verneinung

Que sais-je ?

Voyage en Espagne

1. Je **n'ai jamais été** en Espagne. 2. Cette année, je voulais absolument y aller. 3. Mais je **n'ai pas encore appris** l'espagnol. 4. Quand je suis arrivé à Barcelone, je **ne pouvais parler à personne**.
5. Au camping, il **n'y avait presque personne**. 6. Parmi les campeurs, **personne ne parlait** français.
7. Et **personne n'avait le temps** de m'aider à monter la tente. 8. **Ne sachant pas** comment monter la tente seul(e), je suis allé(e) à l'hôtel. 9. Je **ne veux plus** faire du camping.

Exercices

1 Dans l'entreprise

1. Non, je **n'ai jamais** de problèmes avec mon patron. / Je **n'ai pas** souvent des problèmes… 2. Non, je **n'ai pas encore fait** sa connaissance / la connaissance du nouvel employé. 3. Non, je **ne travaille plus** avec Mme Ricard. 4. Non, je **ne vais pas changer** de poste dans les mois à venir. 5. Non, je **ne connais personne** dans mon entreprise pour reprendre le poste du directeur délégué. 6. **Rien ne s'est passé** dans mon bureau avant-hier. 7. Non, **personne ne connaît** déjà le dossier sur les licenciements. / Non, **personne ne le connaît** déjà.

2 Les suites d'une agression

1. Elle **ne sait plus du tout** où ça s'est passé. 2. Avant, elle **n'avait jamais** été agressée. 3. Elle **ne se souvient de plus rien du tout, personne ne** l'a aidée. 4. Elle **n'a aucun** souvenir de ce moment affreux. 5. Maintenant, elle **ne prend plus jamais** le métro. 6. Elle **n'ose presque plus** sortir.
7. Elle **ne voit plus personne non plus**.

3 Une soirée manquée

On s'est baladés près du Quartier Latin sans toutefois faire **la** visite de l'île de la Cité. On voulait faire un bon repas dans la rue de la Huchette. Hélas, il **n'y avait pas de** restaurant sympa. Alors on a trouvé un bon petit restaurant près de l'Odéon. On avait le choix entre un menu avec du poisson et un autre avec de la viande. Comme on s'est décidés pour la viande, on **n'**a **pas commandé du** vin blanc mais **du** vin rouge pour accompagner le repas. On voulait boire un bon vin de Bourgogne, mais il **ne restait plus de** vin de cette région. Vraiment, ce soir-là, on **n'**a **pas eu** de chance.

4 Voyage en France

1. Je **n'ai (encore) jamais été** en France. / Je **ne suis (encore) jamais allé(e)** en France. 2. **Ni mes parents ni mes amis ne** connaissent la France. 3. Malheureusement, **presque personne ne peut** me donner d'informations / de renseignements. **Seul notre voisin** pourrait nous aider. / **Il n'y a que notre** voisin qui pourrait / puisse nous aider. Il est / était allé en Bourgogne l'été dernier. / Il a été en Bourgogne l'été dernier. 4. C'est pour cela que / C'est pourquoi / C'est la raison pour laquelle je **n'irai / je ne vais aller ni** en Bretagne **ni** sur la Côte d'Azur, mais en Bourgogne. 5. Mais **personne ne veut** m'accompagner. 6. Certes, je **n'ai pas besoin d'un / de** guide, mais je **n'ai pas** envie de partir seul **non plus / je n'ai pas envie non plus** de partir seul.

5 Il ne fait jamais rien

1. Il **n'a rien** fait. (Il n'a pas tout fait.) 2. Il **n'a parlé à personne**. (Il n'a pas parlé à tout le monde.) 3. Il **n'a** cherché **nulle part**. (Il n'a pas cherché partout.) 4. **Personne n'en parle.** 5. Il **n'**a trouvé **ni** (des) indices **ni** (des) traces. 6. Il **ne** suit (maintenant) **aucune** piste. / Il **ne** suit **pas** (maintenant) toutes les pistes. 7. Il **n'**abandonne **jamais.** (Il n'abandonne pas toujours.) 8. Il **ne** fait **jamais** d'erreur. (Il ne fait pas souvent d'erreurs). 9. Il **ne** s'adresse **ni** à ses amis **ni** à ses collègues.
10. Il **ne** soupçonne **personne**.

Kapitel 8: Das Adverb

Que sais-je ?

élégant	élégamment	long	longuement (longtemps)
joli	joliment	définitif	définitivement
absolu	absolument	certain	certainement
particulier	particulièrement	agréable	agréablement
entier	entièrement	récent	récemment
méchant	méchamment	naturel	naturellement
énorme	énormément	doux	doucement
précis	précisément	profond	profondément

~~vraiement~~	*vraiment*	~~brèvement~~	brièvement
~~completement~~	complètement	~~certainment~~	certainement
heureusement	heureusement	~~évidamment~~	évidemment
~~fraisement~~	fraîchement	gaiement	gaiement
~~différentement~~	différemment	~~typiqument~~	typiquement
~~gentillement~~	gentiment	gratuitement	gratuitement

1. On dit que Marie a **moins travaillé (moins)** que l'année dernière. 2. De / Parmi tous les élèves, c'est Martine qui s'est préparée le **mieux** au bac. 3. Comme toujours, c'était Léa qui (s')était habillée **le plus élégamment** pour le bal.

1. **(Ce matin,)** ils sont rentrés de vacances **ce matin**. 2. Il a **rapidement** compris ce que je voulais dire. 3. L'accusé a répondu **franchement** aux questions du juge. 4. En regardant **régulièrement** TV 5 / TV 5 **régulièrement**, tu vas **vraiment** améliorer ton français. 5. **(Récemment,)** Nadine a **récemment** confié son chagrin d'amour à sa mère. 6. Hier soir, l'Olympique Lyon a perdu son match contre les Girondins de Bordeaux. **Par conséquent**, ils doivent **absolument** gagner leur prochain match s'ils veulent rester en tête du championnat de football.

Exercices

1 Rendez-vous chez le maire

M. Legrand dort **profondément**. Il aime dormir **tranquillement**, mais aujourd'hui, il a rendez-vous à la mairie. Sa femme le réveille **gentiment**. **Heureusement** qu'elle se réveille toujours **spontanément** à six heures du matin. M. Legrand va **rapidement** à la salle de bains. **Normalement**, il prend sa voiture, mais aujourd'hui, il prend le métro. Il veut **absolument** être à l'heure. **Récemment**, il a parlé de son projet au maire et comme la réalisation coûte **énormément** d'argent, le maire a **naturellement** été plutôt réticent. Il dit **rarement** « Oui » tout de suite. Mais M. Legrand a **bien** préparé son dossier. Bien qu'il présente son dossier **brièvement** au maire, il réussit à le présenter très **précisément**. Mais le maire ne donne pas son accord tout de suite. Alors, M. Legrand lui explique encore une fois le pour et le contre. **Finalement**, après avoir analysé les données **méticuleusement**, le maire donne le feu vert à M. Legrand pour réaliser ce projet.

2 Le vol

Il est **évident** que Monique a menti. C'était **facile** à prouver. Heureusement, le prof l'avait vue quand elle avait pris le portable. Elle l'avait volé, c'est **certain**, mais elle ne va **probablement** pas avouer ce vol maintenant. Le proviseur lui a dit qu'il y voyait déjà **clair** dans cette histoire et qu'il vaudrait mieux qu'elle dise la vérité, mais elle a **énormément** peur d'être renvoyée du lycée. **Evidemment**, elle ne la dira jamais.

3 Allez tout droit

1. Hélène chante très **bien**, mais Marlène chante souvent **faux**. 2. Toutes ses explications se contredisent. Je n'y vois pas **clair**. 3. **Naturellement / Bien sûr**, tu dois travailler **dur** pour l'examen, après tu peux / pourras **certainement / sûrement** te reposer quelques jours. 4. Il est vrai, j'ai **très** faim, / J'ai certes **très** faim, mais je ne veux pas rester dans ce restaurant. Ça ne sent pas **bon** ici.

4 Au pair en France

Chaque année, beaucoup de jeunes filles partent en France pour travailler comme « fille au pair ». Elles s'intéressent **beaucoup** à ce pays de leurs rêves, elles veulent **vraiment** vivre dans une famille française et **mieux** apprendre le français. **(Souvent)** elles ne se rendent **souvent** pas compte qu'on ne peut pas considérer ces séjours comme des vacances. **Alors**, quand elles commencent à travailler, **(alors)** elles voient **rapidement** que c'est un « travail » avec beaucoup de responsabilités. **Normalement**, elles doivent s'occuper des enfants et du ménage, se lever **tôt** et aider **spontanément** la famille. Leurs profs leur ont dit **franchement** ce qui les attend, mais ils les ont **pourtant** encouragées à partir. **Malheureusement**, les jeunes filles ne sont pas **toujours bien** informées. Il est **absolument** nécessaire de fixer les conditions du séjour avant leur arrivée en France. **(Souvent,)** il est **souvent** difficile de faire la connaissance de jeunes Françaises, mais on se trouve **facilement** des amies parmi les autres filles au pair. Comme ça on se sent **moins** seule.

5 Toujours mieux ?

1. Nicolas travaille **moins bien** qu'Amélie. 2. C'est François qui comprend **le mieux** de tous.
3. C'est Evelyne qui travaille **le plus**, mais c'est elle qui réussit **le moins bien**. 4. C'est Philippe qui travaille **le moins** de tous.

6 Voyage aux Etats-Unis

1. Mme Leduc **est en train de préparer** son voyage aux Etats-Unis. 2. Elle **aime (bien) prendre** l'avion seule, mais actuellement / en ce moment elle **préfèrerait / aimerait mieux partir** en vacances avec son mari. 3. Elle **a failli devoir rester** à Paris parce que les pilotes faisaient / ont fait (la) grève.

4. Elle ne va pas **tarder à commander** un taxi pour aller à l'aéroport. 5. Elle **vient (juste) de téléphoner** encore une fois / à nouveau à son chef. 6. Elle a informé son collègue **par écrit** qu'elle arriverait / arrivera à onze heures trente-cinq à New York. 7. Elle **est sur le point de quitter** la maison quand le téléphone sonne.

Kapitel 9: Die Präpositionen

Que sais-je ?

Quelle préposition choisir ?

Ludovine habite **(à)** Saint Jean, un petit village en France. Aujourd'hui, elle est allée **en** ville, **au** théâtre. Elle va rentrer **dans** trois heures.

La construction du nouveau pont aurait dû commencer **il y a** une semaine. Mais, le jour **avant** le début des travaux, le préfet a arrêté le projet. Les ouvriers se sont rassemblés et ont protesté **devant** la préfecture.

Après être allé **au** Luxembourg et **en** Belgique pour engager de nouveaux joueurs, notre entraîneur de foot est rentré hier soir **à** la maison. Les « nouveaux » vont jouer pour la première fois dans la semaine **après** Pâques.

Tu as vu Yann ? Non, je ne l'ai vu ni **dans** l'escalier, ni **dans** la cour, ni **dans** la rue. Il est déjà **en** route pour le match.

De 9 heures à 11h30, le chef ne sera pas là. A 12h30, il fera une pause. **A partir de 14h**, il sera en réunion.

Exercices

1 Zohra D.

Elle est venue **en voiture**, cette jeune dame **aux cheveux bruns et aux yeux noirs**. Son chauffeur **en costume-cravate** lui ouvre la porte. Avant de descendre, elle continue à écouter une chanson de Benjamin Biolay **les yeux fermés**. Elle envoie encore des messages **à l'aide de (avec / à partir de / de) son smartphone** (officiellement : ordiphone, terminal de poche) et elle se dirige finalement vers l'entrée d'un vaste hall. Elle parle **d'une / avec une voix aimable** au gardien de l'immeuble qui appelle l'ascenseur pour elle. **A 24 ans**, Zohra D. a réussi sa vie en dirigeant sa propre entreprise.

2 Vacances à Arcachon

Ludovine téléphone **à** sa tante Louise qui habite **à** Genève **en** Suisse.

- Allô ? C'est Ludovine. Bonjour **de** la côte atlantique !
- Bonjour, Ludovine. Tu es où exactement ?
- Pierre et moi, nous sommes **dans l'ouest** de la France, **à** Arcachon. C'est magnifique. **Depuis** une semaine, il fait très beau ici.
- Vous avez de la chance. **Chez** nous, il pleut des cordes.
- Tu sais, hier, on est montés **sur** la dune de Pyla et nous nous sommes installés **dans** le sable chaud. **En haut de / Du haut de** la dune, la vue est superbe : **au nord**, **sur** la baie d'Arcachon, **à l'ouest**, **sur l'**Atlantique, **au sud**, **sur** les forêts des Landes.
- Comment êtes-vous logés ?
- On habite **chez** une cousine de Pierre. Elle a une petite cabane **en** bois **au fond de** son jardin.
- Il fait très chaud ?
- Non, **grâce** au vent, il fait une température agréable, bien **au-dessous de / en dessous de** 25°. En plus, on mange toujours **à** l'ombre, **sous** un vieux platane !
- Alors, vous restez **jusqu'à** quand ?
- Il faut rentrer **avant** le 20 juillet **à cause de** Pierre qui recommence à travailler **le** 20.
- Alors, vous avez encore une bonne semaine **devant** vous.
- Oui, mais maintenant, il me faut raccrocher. Pierre veut me servir l'apéro **depuis** une demi-heure.
- D'accord. A la prochaine donc !

3 Reporters sans Frontières (RSF)

A l'occasion de son 25e anniversaire, Reporters sans frontières publie un album de 101 photos **en collaboration avec** l'agence Magnum Photos. **Grâce à** ces photos exceptionnelles, le lecteur peut revivre les grands évènements mémorables du siècle dernier. **Depuis 1985**, cette organisation non gouvernementale se bat **pour** une presse libre. **Selon** son porte-parole, un tiers de la population mondiale vit **dans** des pays où la liberté de presse est bafouée. **Malgré** la chute du communisme **en** Europe / **dans l'** Europe de l'Est, la liberté de presse reste menacée. **En ce qui concerne** la France, elle régresse à la 43e place dans le classement annuel mondial et perd 8 places **par rapport à** l'année dernière. C'est notamment **à cause de** la loi Hadopi que la France se fait distancer **par** des pays africains comme le Mali, l'Afrique du Sud ou le Ghana.

Kapitel 10: Die Pronomen

Que sais-je ? (Objektpronomen und Adverbialpronomen)

Le nouvel élève

Je **lui** souhaite la bienvenue. Je **les** présente au nouveau. Je **l'**aide à connaître l'école. Je **la** montre au nouveau. Je **leur** présente le nouveau. J'**en** parle au nouveau. J'**y** vais avec le nouveau.

Notre amour, c'est fini.

Il ne **l'**aimait plus et allait **lui** annoncer qu'il voulait la quitter. Avant son départ au Japon, il **lui** avait dit qu'il ne voulait plus vivre avec elle. Mais depuis son retour, il ne **lui** avait pas encore reparlé. Ils se sont retrouvés dans leur bel appartement pour discuter ensemble. Elle voulait **lui** dire qu'elle l'aimait encore. Mais elle n'osait pas **le lui** avouer. Elle ne **l'**avait même pas regardé ni ne **lui** avait répondu. Elle a commencé à pleurer, car elle ne pouvait plus **y** rester avec son ami. Elle **l'**a laissé seul sans **lui** dire « adieu ».

Exercices

1 Préparer l'anniversaire

- Salut, Franck, tu as envoyé les invitations ? – Non, je ne **les** ai pas encore envoyées, mais je vais **les** envoyer dès aujourd'hui. – Tu as invité Marine ?
- Bien sûr, je **l'**ai invitée hier soir. Je **lui** ai envoyé un mel.

Je suis très heureuse de **la** revoir. Depuis qu'elle a déménagé, on ne se voit que rarement.

- Et les Legrand d'Orléans ? – Je **leur** ai téléphoné hier. Ils ne peuvent pas déposer leurs enfants chez les grands-parents ni **les** laisser seuls à la maison car ils sont encore trop petits. Alors, comment pourrait-on **les** aider ? – Tu peux **leur** proposer de **les** emmener. Ils joueraient avec nos enfants et notre fille au pair **les** surveillerait aussi. – C'est une très bonne idée. Je vais **les** appeler tout de suite.

2 Questions « élémentaires »

1. La mort, vous **y** pensez de temps en temps ? Vous **en** avez peur ? 2. Et l'avenir ? Vous **y** pensez avec intérêt ou avec angoisse ? 3. La vie familiale, vous **y** tenez ? 4. L'amour du prochain, vous **y** croyez ? 5. L'argent, vous **en** avez besoin pour être heureux(-euse) ? 6. La politique, vous vous **y** intéressez beaucoup ? 7. Les centrales nucléaires, qu'est-ce que vous **en** pensez ? 8. Si on organisait une manifestation pour la légalisation de l'euthanasie, vous **y** participeriez ?

3 Paris vaut toujours une visite

– Est-ce que tu es allé(e) à Paris dernièrement ? – Non, je n'**y** suis pas encore allé(e) cette année. Mais je voudrais **y** retourner depuis longtemps. – Pourquoi ? –Tu as entendu parler de l'exposition au Grand Palais ? – Non, je n'**en** ai pas entendu parler. Est-ce que ça vaut la peine d'**y** aller ? – Absolument, tu **y** trouves des tableaux d'art moderne sensationnels. Tout Paris **en** parle. Les Leduc viennent de passer une semaine à Paris. Ils **en** sont rentrés hier soir. C'était un séjour formidable. Ils **en** étaient très satisfaits. Ils veulent **y** retourner prochainement.

4 La maison de leurs rêves ?

Les Legrand espèrent avoir trouvé la maison de leurs rêves. La maison se trouve dans la banlieue de Montpellier. Ils **l'**ont découverte en lisant les petites annonces dans leur quotidien. Aujourd'hui, ils vont **y** aller pour pouvoir **la** visiter. Ils **en** avaient cherché une depuis très longtemps. Mais le prix leur semble trop élevé, c'est pourquoi ils essaieront de négocier avec le propriétaire. Ils **lui** ont déjà téléphoné plusieurs fois. La maison est très belle et très grande. Il **leur** faut trois chambres et il **y en** a cinq. Et le jardin ? Ils veulent **y** construire une piscine. Ils **en** ont déjà parlé à un architecte et il **leur** a aussi proposé de faire construire une loggia. Les Legrand **en** rêvent depuis longtemps. Et ils aiment les arbres, mais il n'**y en** a que dix. Ce n'est pas un problème. Il y a assez de place pour **en** planter d'autres !

5 Pourquoi ne pas dire la vérité ?

1. Non, je ne **le lui** ai pas encore rendu. 2. Je ne **la lui** dis pas parce que j'ai honte. 3. Je vais **la lui** révéler quand j'**en** aurai le courage. 4. Non, je n'**y** ai pas encore pensé. 5. Je vais **leur en** parler quand j'aurai rendu l'argent à Christine.

6 Recevoir une nouvelle collègue à l'entreprise

1. D'accord, je vais **le lui** montrer. 2. D'accord, je vais **la leur** présenter. 3. D'accord, je vais **lui en** parler. 4. D'accord, je vais **la lui** proposer quand elle a des questions. 5. D'accord, je vais **leur** demander de l'**y** préparer.

7 Préparer une fête

1. Oui, organise-**la**… 2. Non, ne **t'en** occupe pas… 3. Non, n'**en** achète pas… 4. Oui, informe-**les-en**. 5. Non, n'**y** va pas. 6. Non, n'**en** apporte pas…

8 Testez-vous.

1. Nicolas Sarkozy. 2. Céline Dion. 3. Le bac. 4. Toulouse. 5. François Mitterrand. 6. Paris. 7. plus de temps libre.

Que sais-je ? (Relativpronomen)

Une fille bizarre

1. Qui est cette fille **dont** tu parles et **que** tout le monde cherche ? 2. C'est Martine. Elle a disparu sans nous dire **ce qui** s'est passé. 3. Marc, **qui** a préparé l'exposé d'histoire-géo avec elle, ne sait pas **ce qu**'il doit faire maintenant. 4. C'est Martine **qui** l'a rangé chez elle. 5. Mais personne ne sait l'endroit **où** elle l'a rangé. 6. Mme Laroche, la prof avec **qui** Marc a parlé, veut absolument maintenir la date de la présentation de l'exposé. 7. Alors, Marc doit peut-être refaire l'exposé **qu**'il avait déjà préparé.

Exercices

1 Tout est relatif.

1. C'est une école **où** on peut apprendre plusieurs langues, **qui** n'est pas loin du centre-ville et **que** les élèves aiment beaucoup. 2. A la fac, il y a actuellement 2000 étudiants en médecine **dont** la majorité ne finira pas ses études. 3. **Ce qui** m'a vraiment touché, c'est l'histoire de Mateo Falcone **que** notre prof nous a racontée récemment : cette histoire se déroule dans un petit village en Corse **où** les rapports familiaux sont toujours très forts. Le père, Mateo, a fusillé son fils unique car celui-ci avait trahi un criminel **qui** s'était caché dans sa ferme. La police le recherchait suite à une fusillade. C'est sûrement horrible de tuer son propre fils, mais **ce que** le père ne pouvait pas accepter, c'était la trahison par laquelle le fils avait blessé l'honneur de la famille.

2 Isabelle Huppert, une star sans être une star

L'actrice **dont** il est question a joué dans une centaine de films. Elle est née dans une famille bourgeoise **où** le père dirigeait une entreprise et **où** la mère était prof d'anglais. Isabelle passe son enfance à Ville-d'Avray **où** elle reçoit une éducation solide. **Ce que** les spectateurs de ses films ne savent pas, c'est qu'Isabelle veut d'abord faire de la danse. C'est sa mère **qui** la pousse à chercher sa chance dans la comédie. Les petits rôles **qu**'elle joue d'abord ne la rendent pas encore célèbre. C'est en 1977 qu'elle devient connue du grand public grâce au film « La Dentellière » *(Die Spitzenklöpplerin)* **où** elle joue le rôle d'une jeune coiffeuse. Celle-ci tombe amoureuse d'un étudiant **qui** la quitte bientôt, **ce qui** la pousse dans une profonde dépression **dont** elle ne guérit pas. Le metteur en scène avec **qui** Isabelle Huppert préférait travailler à cette époque-là, c'est Claude Chabrol **dont** les films sont célèbres dans le monde entier.

3 Puzzle

Un homme **qui** est assis à son bureau dans une pièce **dont** les fenêtres donnent sur le jardin écrit une lettre **dans laquelle** il s'adresse à une amie **dont** le fils a eu un accident **qu**'il a vu lui-même et **dans lequel** ce fils **qui** faisait des études à Londres a trouvé la mort.

4 Questions à des étudiants

1. C'est / Ce sont des études **que** je vais faire. 2. C'est moi **qui** vais faire des études à l'étranger. 3. C'est / Ce sont mes parents **qui** m'ont convaincu. 4. C'est à Maastricht **que** je vais m'inscrire. 5. C'est en octobre **que** je vais commencer. 6. C'est sur le campus universitaire **que** je vais habiter.

5 Si je savais de quoi il s'agit…

1. **Qu'est-ce qui** s'est passé ? 2. Je ne sais pas exactement **ce qui** s'est passé. Mais **ce qui** s'est passé (, ça) doit être grave. 3. **Qu'est-ce que** nous pouvons faire / **Qu'est-ce qu'**on peut faire ? 4. **Ce que** nous pourrions faire / **Ce qu**'on pourrait faire, c'est (d') informer la police. 5. Je ne sais pas **ce que** nous pourrions / **ce qu**'on pourrait faire d'autre. 6. **Ce que** j'aimerais (bien) savoir, c'est **que** la police va faire / fera maintenant.

Kapitel 11

Que sais-je ?

Une mère soucieuse

1. Tu as téléphoné **à** ton grand-père ? 2. Tu as remercié ton oncle **du** cadeau / **pour le** cadeau ? 3. Tu vas participer **à** l'excursion demain ? 4. Tu as déjà parlé **à** Luc **de** votre visite ? 5. Tu t'es occupé(e) **de** ton vélo ? 6. Mais qu'est-ce qu'il y a ? Tu ne réponds plus **à** mes questions ? 7. Tu penses **à** quoi ? 8. Tu es tombé amoureux **d'**une fille ?

Cyberdépendance

1. Vous êtes cyberdépendant ? Vous ne pouvez plus vivre sans connexion Internet ? 2. Vous voulez changer votre vie ? 3. Vous détestez être dépendant et vous rêvez **de** dire au revoir **au** monde virtuel ? 4. Je vous recommande **de** ne plus allumer votre ordinateur pendant une semaine. 5. Commencez sans attendre! Arrêtez tout de suite **de** naviguer sur Internet. 6. Et n'oubliez pas **d'**éteindre votre portable. 7. Il faut recommencer **à** lire des livres et réapprendre **à** écrire des lettres. 8. Mettez-vous **à** faire du sport. Alors vous aurez envie **de** sortir plus souvent. 9. Je vous invite **à** découvrir des lieux de votre ville oubliés depuis longtemps comme la poste. Bienvenue dans une nouvelle vie sans écran !

Exercices

1 A la terrasse d'un café

1. A la terrasse d'un café, le serveur apporte un café **à** un vieux monsieur. 2. Une dame demande l'addition **à** la serveuse. 3. Une jeune mère achète une glace **à** son fils. 4. Un jeune homme envoie un SMS **à** sa copine. 5. Un galeriste parle **de** sa nouvelle collection **à** une cliente. 6. Un homme remercie sa femme **de / pour** son cadeau d'anniversaire. 7. Marie présente son nouvel ami **à** ses copines.

2 La tête en friche

C'est l'histoire d'une de ces rencontres improbables qui peut changer le cours d'une vie : la rencontre entre Germain, 45 ans, presque analphabète, et Margueritte, une vieille dame de 86 ans très cultivée. D'abord tout le monde se moque **de** cet homme simple et gentil qui semble être l'incarnation même de la maladresse. A l'école primaire, l'instituteur n'a pas réussi **à** apprendre beaucoup de choses **à** Germain. Celui-ci se résigne **à** jouer un rôle modeste dans la vie du petit village. Il décide **de** vivre dans une caravane au fond du jardin de sa mère. Cela permet **au** narrateur **d'**éviter **de** croiser trop souvent le chemin de sa mère revêche. En vivant **de** petits boulots, il passe son temps entre le bistrot, où ses copains continuent **à** s'amuser **à** le taquiner, et le jardin public. Un jour, il fait la connaissance **de** Margueritte qui y vient tous les jours **(pour)** observer les pigeons. Cette vieille dame qui se passionne **pour** la littérature plaît beaucoup **à** Germain et le fait rire. Ils deviennent vite amis. En lisant à haute voix des extraits de romans, Margueritte ouvre **à** son ami un nouveau monde, celui des mots et des livres. Petit à petit, Germain commence **à** s'intéresser **à** la littérature et en même temps il s'ouvre **aux** gens et change son comportement et ses habitudes. «La tête en friche» est un roman simple, émouvant, **à** mettre entre toutes les mains.

3 Testez-vous.

1. Est-ce que vous croyez en Dieu ? 2. Tu as emprunté le nouveau roman de Marie-Sabine Roger à ton copain ? 3. Je me rappelle bien nos vacances en Bretagne. 4. Le président de la République vient de présenter son nouveau programme. 5. Le dictateur a fini par quitter son pays. 6. Le roi a demandé à son peuple de ne pas croire à ce que la presse écrit sur lui. 7. L'Olympique de Marseille pense bientôt engager le meilleur espoir du football français. 8. L'économie française n'arrive pas à réduire son déficit. 9. Le patron a reproché aux syndicats d'avoir interrompu les négociations sur les salaires. 10. Les Français ont protesté contre le candidat du Front National aux élections présidentielles.

Kapitel 12: Der Fragesatz

Que sais-je ?

L'expérience de Bérengère Lefranc

1. Qui(est-ce qui) a porté un vêtement ressemblant à la « burqa » pendant un mois en 2009 ? 2. Pourquoi est-ce qu'elle a porté ce vêtement ? / Pourquoi a-t-elle porté ce vêtement ? 3. Bérengère Lefranc, qui est-ce / …c'est qui ? 4. Porter ce vêtement, qu'est-ce que c'était pour elle ? 5. La

« burqa », d'où est-ce qu'elle vient , à l'origine ? / ..., d'où vient-elle, à l'origine ? / D'où vient-elle la burqa, à l'origine ? 6. Comment est-ce que les joggers la regardaient ? / Comment les joggers la regardaient-ils ? 7. Où a-t-elle parlé de cette expérience ?

Exercices

1 Questions à un auteur

1. Quand **arrivez-vous** à Paris ? 2. Votre femme **va-t-elle** vous accompagner ? 3. **Prenez-vous** le métro ou le taxi pour arriver au Palais des Congrès ? 4. **Doit-on** organiser une conférence de presse ? 5. Les jeunes lecteurs **ont-ils** le droit de vous poser des questions ? 6. Pourquoi la présentation de votre livre **est-elle** si importante pour vous ? 7. Comment **voulez-vous** présenter votre livre ? 8. **Etes-vous** prêt à donner des autographes à la fin de votre présentation ?

2 Interview : Comment passez-vous vos vacances ?

1. Qu'est-ce que vous voulez faire pendant vos vacances ? / Que voulez-vous faire... 2. (Est-ce que) vous avez bien préparé vos vacances ? / Avez-vous bien préparé vos vacances ? 3. Où est-ce que vous voulez aller ? / Où voulez-vous aller ? 4. Comment est-ce que vous voulez y aller ? Comment voulez-vous y aller ? 5. Combien de semaines est-ce que vous allez rester là-bas ? Combien de semaines allez-vous rester là-bas ? 6. A quelle heure est-ce que vous arrivez à destination ? / A quelle heure arrivez-vous à destination ? 7. Qu'est-ce qui vous intéresse là-bas ? 8. Pouvez-vous / Pourriez-vous me laisser les coordonnées de l'agence de voyages à laquelle vous vous êtes adressés ? / Est-ce que vous pouvez me laisser...

3 La publication d'un article

1. Dans quel journal est-ce que l'article a été publié ? / Dans quel journal l'article a-t-il été publié ? 2. Quelles informations est-ce que le journaliste a publiées ? Quelles informations le journaliste a-t-il publiées ? 3. Pour quelles raisons est-ce que le gouvernement a réagi ? / Pour quelles raisons le gouvernement a-t-il réagi ? 4. Quelles sont les conséquences de la publication de cet article ? 5. Quelles mesures est-ce que le Ministre de l'Intérieur a prises ? Quelles mesures le Ministre de l'Intérieur a-t-il prises ?

4 La langue parlée ou la langue écrite ?

	parlé	écrit
1. Comment le Premier Ministre a-t-il pu convaincre le Président ?	(X)	X
2. Le music-hall, on y va comment ?	X	
3. Il va venir quand, ton frère ?	X	
4. Comment est-elle partie ?	(X)	X
5. Ta sœur, elle ne vient pas ?	X	
6. Est-ce que tu as oublié notre rendez-vous ?	X	X
7. Pour quelle raison as-tu quitté Laurent ?	(X)	X

5 Types de questions

1. Quand est-ce que le Président va rentrer ? (est-ce que-Frage) 2. Quand le Président va-t-il rentrer / rentrera-t-il ? (absolute Frage) 3. Il va rentrer / Il rentrera quand, le Président ? (Segmentierung) 4. Le Président, il va rentrer / il rentrera quand ? (Segmentierung) 5. Quand va rentrer / rentrera le Président ? (Inversion mit Nomen, Beachte, S. 173) 6. Le Président va rentrer quand ? (Intonationsfrage mit nachgestelltem Fragewort)

Kapitel 13: Indirekte Rede / Indirekte Frage

Que sais-je ?

Balade dans les calanques

Léo raconte

2. ...qu'il **aime** les Calanques parce qu'il y **a** toujours de belles vues sur la mer.
3. ...que le chemin **était** très raid et que sa mère avait peur.
4. ...que sa mère **aurait préféré** marcher sur la plage.
5. ...qu'ils **ont fait** un pique-nique à midi.
6. ...que sa mère **avait emporté** des boissons et des sandwichs.
7. ...qu'ils n'**ont rencontré** personne.

8. …que le soir, ils **étaient** très fatigués.
9. …qu'aujourd'hui, ils **resteront** sur la plage pour se reposer …

Léo a raconté
2. …qu'il **aimait** les Calanques parce qu'il y **avait** toujours de belles vues sur la mer.
3. …que le chemin **était** très raide et que sa mère **avait** peur.
4. …que sa mère **aurait préféré** marcher sur la plage.
5. …qu'ils **avaient fait** un pique-nique à midi.
6. …que sa mère **avait emporté** des boissons et des sandwichs.
7. …qu'ils n'**avaient rencontré** personne.
8. …que **ce soir-là**, ils **étaient** très fatigués.
9. …que **ce jour-là**, ils **resteraient** sur la plage pour se reposer…

Des jeunes en excursion à Paris

Ils veulent savoir…
1. **si** le prof **a prévu** une visite du Louvre.
2. **ce qui est** au programme **ce jour-là**.
3. où ils **peuvent** faire leur pique-nique.
4. pourquoi ils **doivent** toujours partir en petits groupes.
5. à quelle heure **ils doivent** rentrer à l'auberge de jeunesse le soir.
6. **ce qu'ils feront le lendemain.**
7. **s'**ils **auront** du temps libre.

Exercices

1 Les jeunes et l'avenir

Les jeunes disent…
2. qu'ils **veulent** vivre dans un monde sans conflits ethniques.
3. que la politique **devrait** plus souvent répondre à ce qui les préoccupe.
4. qu'ils **lutteront** contre la pollution des mers.

Les jeunes se demandent / veulent savoir…
5. ce qu'**ils pourraient** / ce qu'**on pourrait** faire contre la pollution de l'air.
6. s'**ils trouveront** un boulot après avoir terminé leurs études.
7. ce qu'**on fera / ils feront** en cas d'accident nucléaire.
8. qui **s'occupera** des personnes de plus en plus âgées.

2 Visite de la grotte de Lascaux

Les étudiants veulent savoir
1. qui **sera leur** guide.
2. quand la grotte **a été découverte**.
3. s'**ils auront** le droit d'entrer dans la vraie grotte.
4. de quelle époque (datent) les peintures **datent**.
5. qui **a dessiné** les peintures.
6. ce qui **a motivé** les gens de cette époque de faire des peintures dans une grotte.
7. comment les chercheurs **ont trouvé** l'entrée de la grotte.
8. quand la grotte **a été classée** « Monument Historique ».

3 Conseil de classe

Mme Lambert a dit au conseil de classe qu'elle ne **voulait** plus enseigner dans cette classe parce que les élèves ne **respectaient** pas les autres.
Je lui ai demandé ce qui s'**était passé** exactement.
Elle a répondu que certains élèves **arrivaient** toujours en retard, qu'ils **travaillaient** mal et (qu'ils) n'**arrêtaient** pas de perturber les cours.
Je voulais savoir ce qu'elle **allait faire** pour améliorer la situation.
Mme Lambert a précisé qu'elle **avait écrit** une lettre aux parents, mais que les parents ne **réagissaient** presque jamais. Elle **pensait** que les parents ne **s'intéressaient** pas suffisamment à leurs enfants ou que parfois même ils se **solidarisaient** avec eux. Elle a ajouté qu'elle **avait essayé** de discuter avec les élèves, mais que c'**était** impossible.
Je lui ai demandé comment elle **imaginait** la suite.
Elle **a répondu** qu'elle **voudrait** enseigner dans une autre classe et (elle) **a demandé** s'il n'**était** pas possible de changer de classe.

4 André au téléphone

Philippe :
André a dit qu'il **était parti** de chez lui le lundi **précédent**. Il a précisé qu'il **était** à ce moment-là à Berlin où il **participait** à un séminaire important. Il a promis qu'il **viendrait** me voir **le lendemain**. Il a annoncé qu'il **repartirait** le **surlendemain**.

5 Pas ce soir !

Maxime : « Je ne pourrai pas venir ce soir parce que j'aurai encore rendez-vous avec mon patron à 18 heures et je ne sais pas à quelle heure je quitterai le bureau. Qu'est-ce que vous allez faire ? »
Pierre : « Nous voulons sortir pour regarder une exposition. »
Maxime : « Qui a eu l'idée de sortir ce soir ? »
Pierre : « Nous avons pris cette décision ensemble hier soir. »
Maxime : « Est-ce que je pourrais sortir avec toi après-demain ? »

6 Testez-vous.

1. J'aimerais bien savoir **ce qui** a poussé les gens à élire cet homme Président. 2. Le maire a demandé aux députés s'ils **accepteraient** sa candidature au conseil régional. 3. Arrivé à l'aéroport, le Président a informé les journalistes qu'il **avait rencontré** la chancelière allemande **la veille au soir**. 4. Le soir dans son hôtel, le journaliste a écrit **ce qui** s'était passé **là-bas** sur la Place du Marché. 5. Régis a dit qu'il **irait** déjeuner avec une de ses nouvelles collègues **le lendemain**. 6. Martine a demandé à son mari **s'il** l'accompagnerait au concert. 7. Après le concert, Martine voulait savoir si son mari **avait aimé** cette musique. 8. La professeure a demandé aux élèves de quelle année **datait** le dernier championnat mondial de foot en France. 9. Sarah voulait savoir si sa corres **avait** envie d'aller regarder un film au cinéma avec ses copines.

Kapitel 14: Konjunktionen

Que sais-je ?

Les Multimédias

1. Il lui en faut **avant qu'il se mette** au travail. 2. Il écoute son MP3 **pendant qu'il fait** ses devoirs. 3. Il télécharge sans arrêt de la musique, des films et des jeux vidéo **bien que / quoique ce soit / alors que c'est** quelquefois très cher. 4. Il s'est acheté un livre électronique **parce que / car** les livres traditionnels ne lui **suffisent** plus. 5. Il n'entend même pas **quand** son voisin **veut** lui adresser la parole. 6. Il consulte son assistant personnel même quand il est à vélo **bien qu' / quoiqu'il sache / alors qu'il sait** que c'est dangereux. 7. Il garde ses oreillettes aussi en classe **jusqu'à ce que** le professeur lui **interdise** d'écouter de la musique. 8. Pendant la récréation, il les remet tout de suite **pour qu'il n'ait** à parler à personne. 9. On peut se demander **si**, pour lui, les appareils électroniques **sont** un plaisir ou une drogue, et on peut penser **qu'il est** accro au monde virtuel.

Exercice

Une mauvaise surprise

1. **Quand** la famille Leclerc est rentrée de vacances des Etats-Unis hier soir, il faisait déjà nuit.
2. **Depuis que** leurs enfants **sont mariés**, le grand appartement reste vide quand les Leclerc sont en vacances. 3. **Avant qu'ils entrent** dans l'appartement, M. Leclerc a mis la voiture au garage. / **Après que** M. Leclerc **a mis** la voiture au garage, ils **sont entrés** dans l'appartement. 4. **Pendant que** Mme Leclerc vidait la boîte aux lettres, son mari l'attendait. 5. **Dès que** son mari **a ouvert** la porte, elle s'est directement rendue dans la cuisine. 6. Elle a tout de suite compris que quelqu'un était entré dans l'appartement pendant les vacances **parce que** le réfrigérateur **avait été utilisé** entretemps. 7. **Jusqu'à ce que** son mari **ait remarqué / remarque** que deux bouteilles de bon vin manquaient, il n'a pas cru sa femme. 8. **Quand** Mme Leclerc **a vu** que la porte du balcon était ouverte, elle a eu un choc. 9. **Après qu'elle l'a refermée**, ils ont cherché si quelque chose d'autre avait été volé. 10. Ils étaient très tristes **bien que** rien d'autre **n'ait été volé**. 11. Le voleur avait quitté l'appartement **sans que** les voisins **(n') aient remarqué** quelque chose de particulier.

Kapitel 15: Infinitivsätze

Que sais-je ?

Excursion en montagne

1. Nous sommes parti(e)s dans la montagne **sans avoir regardé** la météo. 2. **Avant de partir** (très tôt le matin), nous aurions dû prendre des vêtements chauds. 3. **Après être monté(e)s** deux heures, nous avons été surpris par un orage. / Nous sommes monté(e)s pendant deux heures **avant d'être surpris** par un orage. 4. Nous nous sommes caché(e)s dans un trou **de crainte d'être touché(e)s** par la foudre. 5. Nous sommes rentré(e)s à la maison tout de suite après l'orage **pour ne pas être surpris(es)** à nouveau par le mauvais temps.

Exercices

1 Une histoire d'amour

1. **Après avoir trouvé** le portrait de Jacqueline dans un chat sur Internet, Louis a eu un rendez-vous avec elle. / **Avant d'avoir** (eu) un rendez-vous avec Jacqueline, Louis avait trouvé son portrait dans un chat sur Internet. 2. **Après avoir chatté** avec Jacqueline pendant un certain temps, il lui avait envoyé un courriel d'amour. / **Avant d'envoyer** un courriel d'amour à Jacqueline, il avait chatté avec elle pendant un certain temps. 3. **Au moment de lire** le courriel, elle a éprouvé des sentiments très forts. 4. **Au moment d'embrasser** Jacqueline pour la première fois dans un petit restaurant très chic, Louis s'est senti très heureux. 5. **Avant de se marier**, ils avaient échangé des dizaines de courriels d'amour. / **Après avoir échangé** des dizaines de courriels d'amour, ils se sont mariés.

2 Le bac, c'est dur

1. Martine bûche sans arrêt **afin d' / dans le but d' / pour avoir** son bac. 2. Elle travaille jour et nuit **de peur de / de crainte de ne pas avoir** la moyenne. 3. Elle va réussir **à condition de se préparer** intensément. 4. Elle se prépare avec un ancien élève très compétent **afin de / pour réussir** les examens sans problème. 5. **De peur de / De crainte de ne pas être reçue** aux examens, elle renonce à partir en vacances pendant la période de révisions. 6. Elle lit beaucoup de livres **afin d' / pour approfondir** ses connaissances.

3 La révolte des peuples arabes

1. En 2011, plusieurs peuples arabes se sont révoltés contre leurs dirigeants **sans avoir (eu) peur** des conséquences. 2. Les dictateurs se sont adressés à la population pour faire la démonstration de leur pouvoir **sans accepter** les revendications des manifestants. 3. Dans leurs discours, les dictateurs ont fait des reproches violents aux Etats-Unis **sans laisser** entendre qu'ils allaient abandonner le pouvoir. 4. Les manifestants ont proposé la création d'un gouvernement de transition **sans réagir** aux propositions des dictateurs. 5. La communauté internationale a observé ces drames humains **sans avoir** les moyens d'intervenir immédiatement.

4 Il a failli être écrasé

1. Il **vient de quitter** la maison. 2. Il **était sur le point de** monter dans sa voiture quand une moto est arrivée / s'est approchée à grande vitesse. 3. Il **a failli se faire** écraser. 4. Il **n'a pas tardé à** informer / prévenir la police, mais celle-ci n'a pas réagi. 5. Il **n'arrête pas de** critiquer les conducteurs rapides, mais cela n'intéresse pas la police. 6. Il a **fini par** se résigner.

5 Le drame d'une victime

1. Je l'ai entendu crier. 2. J'ai vu un homme partir en courant. 3. J'ai entendu la femme pleurer / pleurer la femme.

Kapitel 16: Der Bedingungssatz

Que sais-je ?

Avec des « si »...

1. Si vous aviez fait attention, **vous n'auriez pas fait cette faute**. 2. Si vous êtes d'accord, **on va acheter cette moto**. 3. Si vous étiez arrivés plus tôt, **vous n'auriez pas manqué le train**. 4. Si tu me prêtais ta moto, **je t'en serais très reconnaissant**. 5. Si nous partons tôt le matin, **nous arriverons au chalet dans l'après-midi**. 6. S'ils avaient mieux joué, **ils auraient gagné le match**.

Exercices

1 Si tu gagnes le gros lot, . . .

1. Dans quel pays est-ce que vous **partirez** si vous ne **voulez** plus vivre dans le pays où vous êtes né(e) ? 2. Qu'est-ce que vous **allez acheter** si vous **voulez** préparer un bon repas pour votre famille ? 3. Comment est-ce que vous **réagissez** si vous **recevez** une lettre anonyme ? 4. Qu'est-ce qu'il **faut faire** avant de partir si vous **allez faire** des études à l'étranger ? 5. Si tu **n'as pas lu** le nouveau livre de Richard David Precht, tu ne **connais** pas ses idées intéressantes sur l' « égoïsme ».

2 Avec des „si" on mettrait Paris en bouteille !

1. Si je n'**avais** pas Internet, je me **sentirais** isolé(e). 2. Si nous n'**avions** pas de voiture, **nous prendrions** les transports en commun. 3. Si mes amis **partaient** d'ici, je les **suivrais**. 4. Si j'**écrivais** un livre, ce **serait** un roman historique. 5. Si mes parents **pouvaient** émigrer, **ils partiraient** en Australie. 6. Si je **gagnais** un voyage, je **partirais** au Maroc. 7. Si j'**avais** le temps, je **lirais** beaucoup plus.

3 Si tu m'avais écoutée, . . .

1. Si **tu t'étais couchée** plus tôt hier soir, **tu serais / tu aurais été** en meilleure forme aujourd'hui. 2. Si **tu m'avais téléphoné** hier soir, je **t'aurais proposé** de ne pas prendre la voiture. 3. Si **vous aviez pris** cette décision l'année dernière, **vous n'auriez pas** de problèmes aujourd'hui. 4. Si **vous m'aviez laissé** votre numéro de portable hier soir, **j'aurais pu** vous avertir de la grève des cheminots dès ce matin. 5. Si **tu avais demandé** l'accord de tes parents plus tôt, **tu aurais pu** partir avec nous en vacances. 6. Si tu **avais participé** au concours de lecture, tu **aurais** peut-être gagné.

4 Si j'avais su . . .

1. Si **votre mère vivait** encore, elle **serait** certainement fière de vous. 2. Si **j'avais / j'avais eu** assez d'argent, **j'aurais fait** le tour du monde avec toi. 3. Si **tu m'avais prévenu(e)** hier soir, **je pourrais / j'aurais pu t'accompagner** à l'exposition. 4. Si **tout le monde respecte** la nature, **nous aurons** moins de problèmes écologiques. / Si **tout le monde respectait / avait respecté** la nature, nous **aurions** moins de problèmes écologiques. 5. Si **elle vous aimait** encore, elle **ne vous aurait pas** quitté si facilement. 6. Si **tu ranges** ta chambre tout de suite, **tu trouveras** peut-être tes baskets. / Si **tu rangeais...**, **tu trouverais...** / Si **tu avais rangé...**, **tu aurais** peut-être **trouvé...** / 7. Si **tu avais lu** le mode d'emploi, le problème **serait** déjà / **aurait** déjà **été** résolu.

Kapitel 17: Das Gérondif

Que sais-je ?

Les formes du gérondif

être	***en étant***	**choisir**	en choisissant
avoir	en ayant	**résoudre**	en résolvant
faire	en faisant	**venir**	en venant
savoir	en sachant	**vaincre**	en vainquant
prendre	en prenant	**peindre**	en peignant
finir	en finissant	**paraître**	en paraissant
sortir	en sortant	**lire**	en lisant
aller	en allant	**s'asseoir**	en s'asseyant
joindre	en joignant	**dire**	en disant
haïr	en haïssant	**craindre**	en craignant
envoyer	en envoyant	**conduire**	en conduisant
écrire	en écrivant	**boire**	en buvant

Testez-vous !

	vrai	faux
1. Das Gérondif wird gebildet aus der Präposition *en*,		
– dem Stamm des Infinitivs des Verbs und der Endung *-ant*.		x
– dem Stamm der 3. Person Plural Präsens des Verbs und der Endung *-ant*.		x
– dem Stamm der 1. Person Plural Präsens des Verbs und der Endung *-ant*.	x	

2. Die Verneinungselemente stehen		
– geschlossen vor der Verbform		x
– umschließen die Verbform und die Pronomen	x	
– umschließen die Verbform, aber nicht die Pronomen		x
3. Das Gérondif		
– ist möglich, wenn Haupt- und Nebensatz unterschiedliche Subjekte haben		x
– ist nur möglich, wenn Haupt- und Nebensatz dasselbe Subjekt haben	x	
– kann Gleichzeitigkeit ausdrücken	x	
– kann eine Bedingung ausdrücken	x	
– kann kausale („da" / "weil") Zusammenhänge ausdrücken		x
– kann die Art und Weise ausdrücken	x	

Exercices

1 Comment entrer dans le monde du travail ?

Vous pouvez entrer dans le monde du travail…
1. …**en réfléchissant** d'abord à ce qui vous intéresse le plus. 2. …**en cherchant** des informations sur Internet 3. …**en faisant** des stages. 4. …**en vous inscrivant** à la fac. 5. …**en lisant** les annonces dans les journaux et sur les sites Internet. 6. …**en vous adressant** à une agence pour l'emploi.
7. …**en bien vous préparant** à des entretiens d'embauche. 8. …**en choisissant** un métier qui vous tient à cœur.

2 Un entretien d'embauche

1. **En ayant** un entretien d'embauche, Jean a constaté que le poste l'intéressait beaucoup. 2. **En parlant** au directeur du personnel, Jean lui a confirmé son intérêt pour le poste. 3. Il s'était préparé à l'entretien **en s'informant / en s'étant bien informé** sur l'activité de l'entreprise. 4. Il a montré son intérêt **en parlant** de ses expériences professionnelles et de ses raisons de se présenter à ce poste.
5. Il n'a pas parlé de ses problèmes de santé **en s'entretenant** longtemps avec le directeur du personnel. / Il s'est longtemps entretenu avec le directeur du personnel **en ne parlant pas** de ses problèmes de santé. 6. **Tout en s'intéressant** aussi à d'autres emplois, il serait heureux d'obtenir ce poste-là.
7. **En obtenant** ce poste, il pourrait louer un petit appartement avec sa copine.

3 Une histoire d'amour ?

1. J'ai souvent fait des jolis sourires à Franck. Comme ça, j'ai attiré son attention. (J'ai souvent fait des jolis sourires à Franck pour attirer son attention.) 2. Un jour, il m'a souri gentiment et a pris son courage à deux mains pour m'inviter au café. 3. Il m'a draguée comme ça : il m'a fait des beaux compliments. / Comment (est-ce qu') il m'a draguée ? Eh bien, il m'a fait des beaux compliments.
4. J'ai discuté avec lui et en même temps, j'ai vite remarqué que nous avions des intérêts communs.
5. Dans l'atelier musique, il m'a aidée comme ça : il m'a expliqué comment on joue de la guitare. / …il m'a aidée et en même temps, il m'a expliqué comment on joue de la guitare. 6. L'après-midi, pendant que nous faisions du sport ensemble, nous nous sommes de plus en plus rapprochés l'un de l'autre.
7. Maintenant, on passe souvent des soirées ensemble comme ça : nous écoutons de la musique ou nous regardons des DVD.

Kapitel 18: Participe présent und Adjectif verbal

Que sais-je ?

Le Club International des Jeunes à Paris

1. Le club propose de nombreuses activités **ayant** pour but de favoriser les échanges culturels et les liens d'amitiés entre jeunes et étudiant(e)s **venant** du monde entier. 2. Chaque mois, il y a un programme de sorties **surprenant** (auf programme bezogen) **/ surprenantes** (auf sorties bezogen).
3. A côté des activités plutôt **amusantes,** on propose aussi des ateliers de conversation franco-anglais, franco-espagnol et franco-allemand pour ceux **ayant** déjà certaines connaissances.
4. L'atelier de théâtre donne souvent des résultats **étonnants** pour le public et même pour les critiques. 5. Les responsables trouvent l'évolution du club **encourageante** et essaient d'augmenter le nombre de rencontres entre Français et étrangers **ne trouvant pas** / n'**ayant** pas **trouvé** d'associations équivalentes.

Exercices

1 Le projet d'Isabelle

1. Isabelle est une étudiante **qui fait** des études d'économie à Paris. 2. Après ses études, elle veut choisir un métier **qui correspond** à ce qu'elle aime. 3. **Comme elle a envie** de faire un stage en Allemagne, elle écrit une lettre de motivation. / Elle écrit une lettre de motivation **parce qu'elle a envie** de faire un stage en Allemagne. 4. **Comme elle aime** bien la langue allemande, elle préfère l'Allemagne à la Grande-Bretagne. / Elle préfère l'Allemagne à la Grande-Bretagne **parce qu'elle aime** bien la langue allemande. 5. Elle connaît une entreprise à Hambourg **qui fait** du commerce en ligne. 6. **Comme elle** ne **sait** pas encore si la ville lui plaira, elle va passer un week-end à Hambourg. / Elle va passer un week-end à Hambourg **parce qu'elle** ne **sait** pas encore si la ville lui plaira. 7. **Quand elle arrive** aux *Landungsbrücken*, elle sait tout de suite qu'elle aimerait faire un stage dans cette ville.

2 Une mauvaise nuit

1. Bernard **devant** faire un voyage d'affaires voulait se rendre à l'aéroport de Francfort. 2. Sa voiture **étant** tombée en panne, Bernard a dû attendre le service de dépannage pendant plus de deux heures. 3. **S'étant** beaucoup attardé, il a raté le dernier avion à destination de Zurich. 4. La compagnie aérienne lui a proposé de le loger dans un hôtel **coûtant** 150 €. 5. Ne **voulant** pas passer la nuit dans un hôtel, il s'est décidé pour le train de nuit à 2 h 05. 6. L'employé **s'occupant** des wagons-lits lui a dit qu'il n'y avait plus de place dans le train. 7. **Ayant** fait tout le voyage debout, Bernard était très en colère à son arrivée à Zurich.

3 Une orthographe embêtante

1. Marie est une étudiante **sachant** l'arabe. 2. En ce moment, elle a un travail **fatigant**. 3. Elle a fait une présentation **convaincante**. 4. Pierre est membre d'une société **savante**. 5. Il tient souvent des discours **fatiguant** ses collègues. 6. Ses gestes **provocants** énervent le public.

Kapitel 19

Que sais-je ?

Le Centre Pompidou-Metz

a)
1. Das Centre Pompidou in Metz wurde als Zweigstelle / Außenstelle des Centre Pompidou in Paris geschaffen / erschaffen. (V)
2. In diesem Museum werden Werke zeitgenössischer Kunst des 20. und 21. Jahrhunderts ausgestellt. (Z)
3. Die Unterscheidung zwischen Dauer- und Sonderausstellung ist aufgehoben / abgeschafft. (Z)
4. Die Stadt Metz wurde wegen ihrer privilegierten geografischen Lage im Herzen Europas ausgesucht / gewählt. (V)
5. Von 157 Kandidatenteams waren sechs von einer Jury ausgewählt worden. (V)
6. Der Architekturwettbewerb wurde von dem Japaner Shigeru Ban und dem Franzosen Jean de Gastines gewonnen. (V)
7. Die Architektur ist von einem chinesischen Hut inspiriert. (Z)
8. Die Türen des Zentrums (Museums) wurden am 12. Mai 2010 geöffnet. (V)
9. Mehr als 200 000 Besucher werden (all)jährlich / jedes Jahr empfangen (werden). (V)

b)
2. Dans ce musée, **on expose** des œuvres d'art contemporain des XXe et XXIe siècles.
3. **On a aboli** la distinction entre exposition permanente et exposition temporaire.
4. **On a choisi** la ville de Metz pour sa position géographique privilégiée au cœur de l'Europe. / C'est pour sa position géographique privilégiée au cœur de l'Europe qu'on a choisi la ville de Metz.
5. Sur 157 équipes candidates au concours, **un jury en avait sélectionné six**.
6. **Ce sont / C'est le Japonais Shigeru Ban et le Français Jean de Gastines qui ont gagné** le concours.
7. **L'architecture s'inspire** d'un chapeau chinois.
8. **Le centre a ouvert** ses portes le 12 mai 2010. / On a ouvert les portes du centre le 12 mai 2011.
9. Chaque année, **on accueillera** plus de 200 000 visiteurs.